CB080571

MAPEANDO O DIABO

PROJETO

MAPEANDO O DIABO

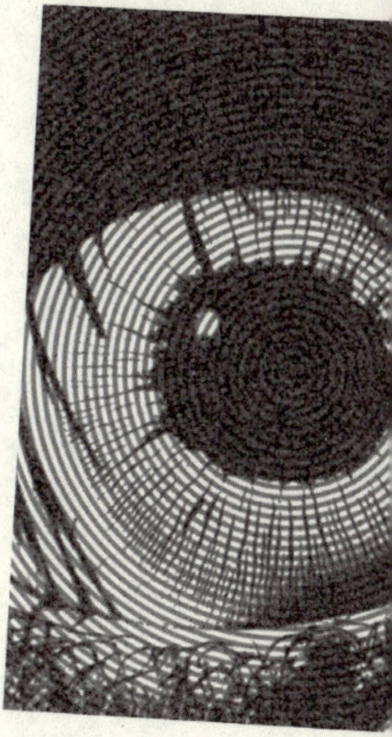

A VERDADE SOBRE BATALHA ESPIRITUAL

MAPEANDO O DIABO

- — 01 ÉDEN
- — 02 INFLUÊNCIA
- — 03 GOVERNO

MANIPULAÇÃO

MENTE

INTENSÃO

ESCRITO POR:

Eduardo Reis 1978

PREFÁCIO POR:

Brian Gordon Lutalo Kibuuka

Editora Vida

Vida

Editora Vida
Rua Conde de Sarzedas, 246 — Liberdade
CEP 01512-070 — São Paulo, SP
Tel.: 0 xx 11 2618 7000
atendimento@editoravida.com.br
www.editoravida.com.br
@editora_vida /editoravida

MAPEANDO O DIABO
©2025, por Eduardo Reis

Todos os direitos desta edição em língua portuguesa são reservados e protegidos por Editora Vida pela Lei 9.610, de 19/02/1998.

É proibida a reprodução desta obra por quaisquer meios (físicos, eletrônicos ou digitais), salvo em breves citações, com indicação da fonte.

Exceto em caso de indicação em contrário, todas as citações bíblicas foram extraídas da *Nova Versão Internacional* (NVI)
©1993, 2000, 2011 by International Bible Society, edição publicada por Editora Vida.
Todos os direitos reservados.

Todas as citações bíblicas e de terceiros foram adaptadas segundo o Acordo Ortográfico da Língua Portuguesa, assinado em 1990, em vigor desde janeiro de 2009.

Direção: Renan Menezes
Editora-chefe: Sarah Lucchini
Editora responsável: Bárbara Bie
Assistente editorial: Jaqueline Angelica
Revisão de provas: Paulo Peres
Coordenadora de design gráfico: Claudia Fatel Lino
Projeto gráfico, diagramação e adaptação de capa: Marcelo Alves de Souza
Capa: Pedro Merino

As opiniões expressas nesta obra refletem o ponto de vista de seus autores e não são necessariamente equivalentes às da Editora Vida ou de sua equipe editorial.

Os nomes das pessoas citadas na obra foram alterados nos casos em que poderia surgir alguma situação embaraçosa.

Todos os grifos são do autor, exceto os indicados.

1. edição: abr. 2025
1ª reimp.: maio 2025

Dados Internacionais de Catalogação na Publicação (CIP)
(Câmara Brasileira do Livro, SP, Brasil)

Reis, Eduardo
Mapeando o Diabo : a verdade sobre batalha espiritual / Eduardo Reis. -- São Paulo : Editora Vida, 2025.

ISBN 978-65-5584-722-2
e-ISBN 978-65-5584-723-9

1. Criação - Doutrina bíblica 2. Éden 3. Deus (Cristianismo) 4. Diabo - Cristianismo 5. Teologia I. Título.

25-262425 CDD-235.4

Índice para catálogo sistemático:

1. Diabo : Teologia dogmática cristã 235.4
Eliane de Freitas Leite - Bibliotecária - CRB 8/8415

A Deus, aquele em quem eu vivo,
me movo e existo.
À minha família, o meu primeiro e
mais importante ministério.
Aos membros da Igreja Reino, que são
a minha alegria e a minha coroa.

Dedico este livro à minha amada esposa,
Ana Pricila, e aos nossos queridos
filhos, Lorenzo, Lucca e Enrico.
Pri, sua presença constante e seu apoio
incondicional foram essenciais para a minha
compreensão de que o amor voluntário
e livre é a base de todas as coisas. Você
é minha parceira em todas as jornadas, e
o seu amor inspira tudo o que eu faço.
Lorenzo, Lucca e Enrico, vocês são a
razão do meu esforço e dedicação.
Que estas palavras sejam um legado
para vocês, mostrando a importância do
serviço ao próximo e a alegria que há
em contribuir para um mundo melhor.

SUMÁRIO

PREFÁCIO

AO ABRIRMOS ESTE livro, adentramos uma obra de grande relevância teológica, que não apenas busca elucidar aspectos fundamentais da batalha espiritual, mas também oferecer ao leitor uma visão abrangente do mundo invisível à luz das Escrituras. Seu autor, o pastor Eduardo Reis, é uma dessas vozes que se levantam em tempos de incerteza espiritual para trazer clareza, fundamentação e instrução bíblica. Seu compromisso com o ensino da Palavra se reflete em cada linha, que, embora enraizada em uma tradição acadêmica sólida, mantém uma linguagem acessível, permitindo que tanto estudiosos quanto cristãos comuns possam se beneficiar de seu conteúdo.

Eduardo Reis se destaca não apenas como um escritor, mas como um verdadeiro mestre da Palavra, alguém que compreende o peso e a seriedade da teologia aplicada. Sua abordagem ao tema do Diabo e da guerra espiritual é meticulosa, bem embasada nas Escrituras e fundamentada em uma vasta gama de estudos teológicos. O autor, com seu espírito pastoral e acadêmico, não cede ao sensacionalismo, o qual por vezes permeia o discurso sobre batalha espiritual. Pelo contrário, ele busca um equilíbrio entre a seriedade do combate espiritual e a certeza inabalável da vitória de Cristo. Essa sobriedade, aliada à riqueza de referências teológicas e exegéticas, faz desta obra um verdadeiro guia para todos que desejam entender mais profundamente o tema da guerra espiritual.

A introdução deste livro já nos dá um vislumbre da profundidade do pensamento do autor. Ele inicia sua abordagem com uma metáfora poderosa — a partida de xadrez de Paul Morphy, um dos maiores enxadristas da história. Assim como Morphy parecia encurralado, sem saída, mas encontrou um movimento brilhante para vencer a partida, o cristão muitas vezes se vê cercado por circunstâncias espirituais opressoras, aparentemente sem solução. No entanto, assim como Morphy, nós também temos um movimento surpreendente que nos conduz à vitória: o sacrifício e a ressurreição de Cristo. Esse exemplo ilustra perfeitamente a tese central do livro: a guerra espiritual não é um motivo para medo ou desespero, mas uma realidade que deve ser compreendida e enfrentada com esperança e confiança.

A experiência do pastor Eduardo Reis transparece ao longo do texto, pois ele reconhece que o Diabo não é um conceito simbólico, mas uma entidade real, ativa e estrategicamente envolvida no engano da humanidade desde os primórdios da criação. O autor não se esquiva das questões difíceis, nem reduz a complexidade da ação satânica a meras alegorias. Ele apresenta uma visão ampla e embasada, trazendo insights da teologia sistemática, das línguas originais da Bíblia e de diversos estudiosos respeitados, como Norman Geisler, Merrill F. Unger e George Eldon Ladd. Sua obra nos lembra de que, para um cristão, ignorar a existência do inimigo é um erro estratégico grave. Afinal, como destaca o livro, "se Deus, em Sua Palavra, definiu, descreveu e delineou o mundo dos espíritos que se encontra além do véu do visível, cabe a nós levar essa revelação a sério".

Outro aspecto fundamental do trabalho do autor é sua capacidade de lidar com os diferentes pontos de vista teológicos sobre Satanás e a batalha espiritual. Ele não apenas apresenta a visão tradicional das Escrituras, mas também analisa diversas abordagens contemporâneas sobre o assunto. O livro questiona, por exemplo, até que ponto práticas como a "guerra espiritual cósmica" e o "mapeamento espiritual" são, de fato, sustentadas pela Bíblia. Além disso, o autor argumenta que a guerra espiritual não deve ser fundamentada no medo ao Diabo, mas na confiança aos propósitos redentores do Senhor. Como ele bem lembra ao longo do livro, o objetivo das trevas é sempre desviar os homens do caminho da salvação e obscurecer a verdade do Evangelho.

Eduardo Reis também demonstra um domínio excepcional da teologia bíblica ao percorrer toda a Escritura para mostrar a presença e a atuação do Diabo desde Gênesis até Apocalipse. Ele nos lembra que a figura do adversário surge no terceiro capítulo da Bíblia e se estende até o vigésimo capítulo do último livro, mostrando que a batalha espiritual é um tema recorrente e essencial para a compreensão do plano divino. Como destaca o autor, "é impossível compreender plenamente a Bíblia, de Gênesis a Apocalipse, sem algum conhecimento sobre o Diabo e seus asseclas malignos".

Além disso, ele nos leva a refletir sobre o aumento da atividade demoníaca à medida que a história avança para os tempos finais. A argumentação do livro se baseia fortemente em passagens como Apocalipse 9, em que se prevê uma intensificação da guerra espiritual à medida que o fim dos tempos se aproxima. Essa perspectiva bíblica não apenas fundamenta a urgência do estudo do tema, mas também exorta os cristãos a não negligenciarem a realidade espiritual.

No desenvolvimento da obra, Reis também aborda um ponto crucial: o perigo de subestimar o Diabo. Embora a vitória de Cristo sobre as forças do mal seja uma realidade indiscutível, o Diabo continua sendo uma presença ativa que age de maneira estratégica para desviar o crente do caminho da verdade e da santidade. O livro, portanto, não deixa o cristão confortável em sua ignorância sobre o mal, mas o instiga a um conhecimento profundo das artimanhas do inimigo. O Diabo é descrito nas Escrituras como o "pai da mentira" (cf. João 8.44), e sua maior estratégia é convencer os crentes de que ele não é real nem uma ameaça. No entanto, como bem nos lembra o autor, negar a existência e a ação do Diabo é colocar o cristão em uma posição vulnerável, sem a devida preparação para resistir aos seus ataques.

A exploração do conceito do "Éden" na obra não se limita a uma simples referência ao jardim bíblico de Gênesis, mas se desvela como um campo rico de reflexão teológica, histórica e espiritual. Ao abordar o "Éden", o autor não só revê a perfeição da criação inicial, mas também expõe a ruptura causada pela queda do ser humano e pela rebelião de Satanás. Somos apresentados à conexão entre a narrativa do Éden, a teologia da criação e a teologia da queda, usando a história do jardim como uma moldura para compreender a história da salvação e da redenção.

No início de sua obra, o autor apresenta o conceito do "Jardim das delícias" com base na etimologia hebraica do termo "Éden", que remete ao significado de "bênção" e "delícias", ou seja, um lugar de beleza, harmonia e comunhão perfeita entre Deus e a humanidade. Esse Éden primitivo era, segundo o autor, o reflexo do plano divino de criar um mundo em que o homem vivesse em plena comunhão com seu Criador, sem separação ou corrupção. A beleza do Éden, descrita com detalhes minuciosos nas Escrituras, representa um mundo ideal — um microcosmo da perfeição divina, onde a ordem de Deus se reflete em cada elemento da criação, das árvores ao homem.

Contudo, a obra também se adentra em um ponto crucial: a ruptura do Éden. A queda de Adão e Eva, que resultou na introdução do pecado no mundo, não apenas afetou a humanidade, mas teve consequências cósmicas para toda a criação. O pecado de

Adão e Eva, como bem observa o autor, não foi um ato isolado de desobediência, mas o momento em que a perfeição inicial da criação foi corrompida pela escolha humana de desobedecer a Deus. Essa corrupção atingiu não só o ser humano, mas também a natureza, trazendo consigo a doença, a morte e o sofrimento.

A partir dessa perspectiva, Reis aprofunda a relevância teológica da queda para a compreensão da guerra espiritual. Ele faz uma analogia entre a queda no Éden e as estratégias de Satanás, o qual, desde o princípio, se opôs ao plano divino e, ao corromper a humanidade, introduziu o mal no coração da criação. Ao estudar a relação entre o Éden e a criação, o autor também sugere que a narrativa de Gênesis não deve ser lida apenas como um mito ou uma história do passado, mas como um padrão divino para o entendimento da redenção e da restauração da criação.

Além disso, o autor traz à tona um conceito teológico importante: o Éden como um protótipo da nova criação. Em diversas passagens das Escrituras, como em Isaías 65.17 e Apocalipse 21.1-4, encontramos referências a uma nova terra, onde a restauração da criação será completa. A descrição do novo Éden, que se alinha com a promessa de Deus de restaurar todas as coisas, sugere que a perfeição inicial, perdida com a queda, será um dia restaurada. O Éden, em sua perfeição original, era um reflexo do Reino de Deus que viria, um Reino onde o homem viveria novamente em perfeita harmonia com seu Criador. Esse entendimento nos permite ver o Éden não apenas como o passado, mas como uma promessa de futuro.

Ao comentar sobre a crescente ênfase no ministério de libertação e em práticas como a de "amarrar" e "repreender" os demônios, o autor novamente alerta para o risco de desviar-se das Escrituras. Embora ele reconheça que a Bíblia instrui os cristãos a resistirem ao Diabo e a expulsarem demônios, ele sublinha que isso vem de Deus, é obra da graça divina. O cristão, portanto, não deve entrar em uma luta que é, essencialmente, uma batalha que já foi vencida, mas deve resistir ao mal, permanecendo firme na Palavra de Deus.

Uma das questões que o autor aborda com bastante seriedade é a crescente popularidade do "mapeamento espiritual", uma prática que busca identificar "espíritos territoriais" e locais específicos onde o inimigo tem "poder". Essa prática, embora pareça atraente, não tem respaldo nas Escrituras e pode acabar desviando a atenção do cristão para questões secundárias. Ele sugere que, em vez de focar no território ou mapeamento dos espíritos, o cristão deve se concentrar em viver de acordo com a vontade de Jesus, em constante oração e na proclamação da verdade.

Ao longo do livro, o autor também faz uma reflexão sobre o crescimento do movimento da "guerra espiritual cósmica". Essa abordagem propõe um entendimento da batalha espiritual em níveis universais e cósmicos, com a luta sendo travada contra principados e potestades que governam diferentes regiões do mundo. O pastor Eduardo Reis não ignora que as Escrituras falam desses principados e potestades, mas ele alerta que a verdadeira guerra espiritual não é travada por nossa própria estratégia, mas pela presença e poder de Cristo, que já venceu os poderes das trevas. Ele destaca que não devemos nos sobrecarregar com um conceito de guerra espiritual que tira a confiança na suficiência da obra redentora de Cristo.

A visão do autor sobre guerra espiritual é centrada em Cristo como a chave para toda resistência. O crente não é chamado a engajar-se em batalhas espirituais com forças sobrenaturais por conta própria, mas a viver firmemente na vitória de Cristo e a resistir ao inimigo na força do Senhor. Assim, ao invés de se envolver em práticas extrabíblicas, o cristão deve ser treinado a usar a armadura de Deus e a aplicar as armas espirituais que Ele providenciou — a Palavra de Deus, a oração e a fé. O verdadeiro foco da guerra espiritual é resistir ao mal e permanecer firme em Cristo.

Essa reflexão crítica também leva o autor a questionar as abordagens modernas que procuram fazer da batalha espiritual um espetáculo ou uma experiência emocional, algo que se afasta da sobriedade bíblica. Ele nos lembra que, embora a batalha seja real e intensa, ela nunca deve ser encarada de forma sensacionalista, como se fosse um show de poder. Pelo contrário, a verdadeira vitória é alcançada em humildade, fé e obediência a Deus.

A guerra espiritual é real e está presente em todas as áreas da vida do cristão, mas, ao contrário de uma luta física, ela é travada em um nível espiritual. A referência à carta de Paulo aos Efésios, especificamente Efésios 6.10-18, é fundamental para o entendimento do autor. Nessa passagem, o apóstolo Paulo fala sobre a necessidade de se vestir com a armadura de Deus para resistir às ciladas do Diabo. O autor demonstra que as armas do cristão não são carnais, mas espirituais, pois "a nossa luta não é contra carne e sangue, mas contra os principados e potestades, contra os dominadores deste mundo tenebroso" (Efésios 6.12). A luta, portanto, ocorre no mundo invisível, onde os cristãos devem estar vigilantes e preparados.

O pastor Eduardo Reis vai além da simples resistência ao Diabo e propõe que, para que a guerra espiritual seja efetiva, o cristão deve estar consciente do contexto e da autoridade que possui em Cristo. Ele é enfático ao dizer que a vitória já foi conquistada na cruz, e a batalha que enfrentamos é uma resposta à autoridade de Cristo, que nos concede poder para resistir ao inimigo. A vitória, portanto, não é algo a ser alcançado, mas algo que já foi conquistado, e o cristão é chamado a viver e lutar a partir dessa vitória. Esse entendimento é crucial para a batalha espiritual, pois tira o foco de uma luta solitária e a coloca dentro do contexto do plano redentor de Deus, no qual Cristo já venceu o mal.

Ao enfatizar a autoridade de Cristo, o autor aborda um conceito fundamental: a vitória espiritual não está em nossas forças ou estratégias. Em passagens como Lucas 10.19, onde Jesus afirma: "Eis que vos dou autoridade para pisar serpentes e escorpiões, e todo o poder do inimigo, e nada vos causará dano", o autor nos lembra de que o cristão já possui a autoridade para vencer o inimigo, mas essa autoridade deve ser exercida com humildade, vigilância e dependência de Deus.

A reflexão sobre a centralidade de Cristo proposta na obra leva a um entendimento mais profundo sobre como devemos lidar com o mal. Quando temos a visão correta, ou seja, mantemos Cristo no centro e o Diabo à margem, a batalha espiritual deixa de ser uma luta em que tememos o inimigo e passa a ser uma guerra em que a confiança em Cristo nos capacita a resistir ao Diabo, conscientes de que ele já está derrotado e, portanto, sem poder real sobre nós. O Diabo pode rugir e tentar nos intimidar, mas, como o autor nos ensina, a vitória já foi assegurada, e a verdadeira batalha é vivida em confiança e perseverança em Cristo.

Outro ponto trazido à tona é que, embora a luta contra as forças espirituais do mal seja uma realidade, o cristão nunca deve se esquecer de que a batalha não é nossa, mas de Cristo. Em Apocalipse 12.11, lemos que os cristãos vencem o Diabo pelo sangue do Cordeiro e pela palavra de Seu testemunho, o que significa que não estamos lutando com as próprias forças ou sabedoria, mas com o poder de Cristo, o Cordeiro, que nos capacita a vencer. O pastor nos orienta a não dar ênfase ao inimigo, pois isso colocaria nossa confiança em uma falsa batalha. Cristo já venceu, e nossa missão é caminhar em fé, na Sua vitória.

Este livro não é apenas uma análise teológica sobre guerra espiritual; é uma obra essencial para os cristãos de todas as idades e contextos, pois oferece uma visão clara e profunda da realidade invisível que afeta todos os crentes. A obra se propõe a equilibrar a compreensão da batalha espiritual com a certeza da vitória já conquistada em Cristo. Jesus é a única fonte verdadeira de autoridade e poder na luta contra as forças do mal. O autor não se limita a apresentar uma teoria teológica ou uma reflexão acadêmica sobre o tema, mas dedica-se a ensinar o cristão a viver a batalha espiritual de forma eficaz. Ele propõe que, embora os ataques do inimigo sejam reais e intensos, não somos chamados a lutar para alcançar a vitória, mas a lutar a partir da vitória que já foi conquistada por Cristo. Esse é um ponto crucial que transforma toda a abordagem do livro em algo não apenas teórico, mas profundamente prático e edificante para a vida cristã.

Por meio dele, o pastor Eduardo Reis oferece ao cristão uma visão equilibrada da guerra espiritual, ao mesmo tempo prática e teológica. Somos ensinados que, embora a luta espiritual seja uma realidade, a verdadeira vitória não depende de nossas forças ou estratégias, mas de nossa dependência de Cristo, que já conquistou a vitória por nós. Este livro é, portanto, um recurso vital para todo cristão que deseja viver vitoriando em Cristo e resistindo ao mal com a confiança de que, em Sua obra redentora, o Diabo já foi vencido e nós somos mais que vencedores.

Brian Gordon Lutalo Kibuuka é Pastor Batista e membro da Segunda Igreja Batista de Feira de Santana. Ele atua como Professor Adjunto de História Antiga no Departamento de Ciências Humanas e Filosofia da Universidade Estadual de Feira de Santana (UEFS). É também docente permanente no Programa de Pós-Graduação em Estudos Linguísticos (PPGEL) e no Programa de Pós-Graduação em História da mesma universidade. Pós-doutor pela Université de Paris I - Panthéon-Sorbonne e pela Universidade Federal Fluminense, ele possui doutorado em História Social pela Universidade Federal Fluminense (UFF).

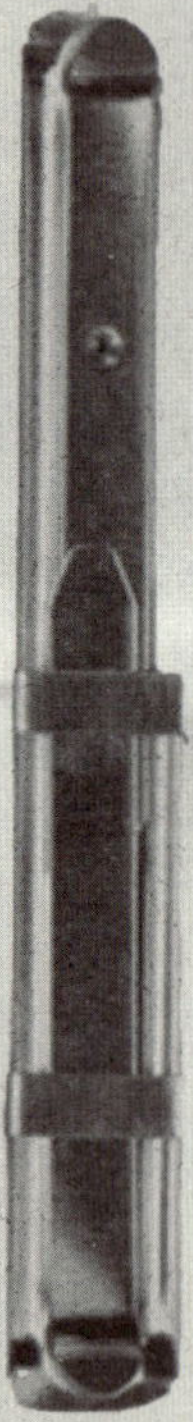

INTRODUÇÃO

EM UMA DAS partidas de xadrez mais célebres da história, o renomado enxadrista Paul Morphy, conhecido por seu estilo brilhante e estratégico, enfrentou um oponente desafiador. Durante a partida, parecia que Morphy estava encurralado, com poucas opções aparentes para escapar da derrota iminente. Os espectadores, e até mesmo o adversário, acreditavam que a partida estava praticamente perdida. No entanto, em um movimento surpreendente e inesperado, Morphy fez um lance que mudou completamente o curso do jogo, levando-o à vitória.

Esse episódio ilustra de forma poderosa a realidade espiritual que enfrentamos. Assim como Morphy, muitos de nós nos sentimos pressionados, cercados por circunstâncias que parecem nos deixar sem saída. A angústia e o desespero podem nos fazer crer que estamos à beira de um "xeque-mate" em nossa vida, seja nos relacionamentos, nas finanças, na carreira, na saúde ou em qualquer outra área.

Entretanto, assim como Morphy enxergou uma jogada que ninguém mais via, Jesus Cristo, nosso Salvador, fez o movimento definitivo na Cruz e em sua ressurreição, assegurando a vitória sobre o Diabo e o pecado. Como escreveu o apóstolo Paulo: "Mas graças a Deus, que nos dá a vitória por meio de nosso Senhor Jesus Cristo" (1Coríntos 15.57). A guerra espiritual, quando compreendida à luz das Escrituras, não é motivo de medo, mas de esperança e confiança. A vitória já foi conquistada por Cristo, e nossa tarefa é apenas permanecer firmes e seguir Sua orientação.

Portanto, ao invés de temer a derrota, lembre-se das palavras de Cristo: "Tenho-vos dito isso, para que em mim tenhais paz; no mundo tereis aflições, mas tende bom ânimo, eu venci o mundo" (João 16.33, ACF). Em Cristo, lutamos a partir da vitória, não para alcançá-la.

Este livro se propõe a falar de Satanás, cujo nome no hebraico, הַשָּׂטָן, significa "o adversário"[1], e a criação, tendo como pano de fundo uma discussão mais acadêmica, mas em linguagem acessível, sobre a guerra espiritual e o mundo invisível que nos cerca, pois Deus decidiu revelar esses assuntos a todos nós por meio de Sua Palavra. Esse fato, por si só, justifica nosso interesse no tema e o tempo que dedicamos ao seu estudo. Se Deus, em Sua Palavra, definiu, descreveu e delineou o mundo dos espíritos que se encontra além do véu do visível, cabe a nós levar essa revelação a sério. Como observa o teólogo e filósofo Norman Geisler, a revelação divina é a fonte suprema de conhecimento acerca da realidade espiritual, e ignorá-la seria um grave erro teológico.[2]

No estudo da teologia sistemática, existem categorias distintas para o estudo do Diabo e dos demônios. O estudo do Diabo é denominado satanologia, enquanto o estudo dos demônios é conhecido como demonologia. Essas duas áreas são frequentemente combinadas, mas o fato de que existem campos inteiros

---

[1] Brown, F.; Driver, S. R.; Briggs, C. A. The Brown-Driver-Briggs Hebrew and English Lexicon. Peabody: Hendrickson Publishers Inc, 2000. Koehler, L.; Baumgartner, W.; Richardson, M. E. J.; Stamm, J. J. The Hebrew and Aramaic Lexicon of the Old Testament. Leiden: Brill, 1994- 2000. 5 v.

[2] Geisler, Norman. Teologia Sistemática, Volume 1. Rio de Janeiro: CPAD, 2010, p. 59.

da teologia dedicados a esses assuntos deve despertar nosso interesse acadêmico e espiritual.[3]

Como veremos neste livro, a Bíblia inclui uma vasta quantidade de informações sobre o Diabo, os demônios e a conspiração mundial invisível que ruge ao nosso redor. O Diabo é mencionado pela primeira vez em Gênesis 3 e faz sua aparição final em Apocalipse 20. Não é exagero afirmar que é impossível compreender plenamente a Bíblia, de Gênesis a Apocalipse, sem algum conhecimento sobre o Diabo e seus asseclas malignos. Como afirma Mariano:

> O verdadeiro cristão, além de estar ciente disso, diretamente incumbido pelo próprio Deus da missão de combater as forças das trevas, para realizar a obra divina e, com 'isso, reverter os efeitos da ação demoníaca, cujo principal objetivo consiste em desviar os homens do caminho estreito da salvação. De modo que tal combate, com efeito, constitui precondição para evangelizar, libertar e converter indivíduos submetidos ao poder dos demônios.[4]

Uma terceira razão para dedicarmos tempo ao estudo da Criação e do Diabo é que existem muitos pontos de vista diferentes sobre este tema. Os defensores contemporâneos do movimento de guerra espiritual promovem a guerra espiritual em nível cósmico, o mapeamento espiritual e a identificação e confronto de espíritos territoriais. Outros ainda promovem o ministério de libertação, que inclui repreender o Diabo e os espíritos demoníacos. No entanto, é crucial perguntar: Os seguidores de Cristo entendem o que a Bíblia realmente ensina sobre a guerra espiritual a partir das doutrinas bíblicas, a começar da Criação? Como ressalta Boyd,

---

[3] UNGER, Merrill F. Biblical Demonology. Grand Rapids, MI: KregelPublications, 1994, p. 64.

[4] MARIANO, Ricardo. Efeitos de secularização do Estado, do pluralismo e do mercado religiosos sobre as igrejas pentecostais. Porto Alegre: Civitas, 2003, p. 129.

a verdadeira guerra espiritual deve ser travada com base no poder de Deus e nos princípios estabelecidos por ele em Sua Palavra.[5]

Uma quarta motivação para estudar o Diabo, os demônios e a guerra espiritual é que, de acordo com as Escrituras, a atividade demoníaca e a guerra espiritual aumentarão dramaticamente em frequência e intensidade durante os últimos tempos (ver Apocalipse 9). Mesmo que não estejamos vivendo os últimos tempos, podemos esperar que a atividade demoníaca aumente à medida que nos aproximamos desse período, e parece que é exatamente isso o que está acontecendo. Com o aumento da intensidade da atividade demoníaca, não podemos permitir que nossa compreensão e consciência da guerra invisível diminuam. Essa seria uma combinação perigosa. Nosso estudo sobre a guerra espiritual deve acompanhar seu crescimento em nosso mundo atual. Como observa George E. Ladd, em sua magistral obra *Theology of the New Testament*, um entendimento adequado da guerra espiritual é essencial para enfrentar os desafios espirituais crescentes de nosso tempo.[6]

---

[5] Em Boyd, Gregory A. God at War: The Bible and Spiritual Conflict. Downers Grove: InterVarsity Press, 1997, o autor discute a natureza da guerra espiritual a partir de uma perspectiva bíblica, enfatizando a importância de confiar no poder de Deus e seguir os princípios estabelecidos nas Escrituras para enfrentar as forças do mal. Para discussões adicionais que citam Boyd, ver: Dever, Mark E. Spiritual Warfare: A Biblical and Balanced Perspective. Grand Rapids: Zondervan, 2009, p. 55; Clinton, Timothy; Hawkins, Ron. Biblical Counseling and Spiritual Warfare. Eugene: Harvest House Publishers, 2008, p. 89-91; Kraft, Charles H. Defeating Dark Angels: Breaking Demonic Oppression in the Believer's Life. Ann Arbor: Servant Publications, 1992, p. 150; Anderson, Neil T. The Bondage Breaker: Overcoming Negative Thoughts, Irrational Feelings, Habitual Sins. Eugene: Harvest House Publishers, 2000, p. 40-42; Arnold, Clinton E. 3 Crucial Questions about Spiritual Warfare. Grand Rapids: Baker Books, 1997, p. 25-27.

[6] Ladd, George Eldon. A Theology of the New Testament. Grand Rapids: Eerdmans, 1996, p. 614, discute a importância de uma compreensão teológica robusta da guerra espiritual para que os crentes possam responder de forma eficaz às pressões espirituais contemporâneas. Para uma análise adicional sobre o tema, ver: Arnold, Clinton E. Powers of Darkness: Principalities & Powers in

Por fim, uma quinta motivação para entendermos o mundo invisível que nos rodeia é que isso nos ajuda a dar sentido ao que podemos ver. Segundo a Bíblia, uma guerra mundial invisível está sendo travada ao nosso redor. Compreender essa guerra nos concede uma perspectiva única, que aqueles sem esse conhecimento não possuem. Ray Stedman oferece uma poderosa perspectiva sobre por que precisamos compreender a guerra espiritual que nos cerca.[7] Para ele, a batalha espiritual não é apenas uma luta contra forças visíveis, mas também contra potências invisíveis. Somente ao reconhecer e entender essa dimensão podemos verdadeiramente combater o bom combate da fé.

Enquanto os grandes líderes do mundo lidam com o dilema da vida moderna, muitas vezes a única coisa que conseguem dizer é: "O que está errado? Qual é o elemento desconhecido por trás disso? Não conseguimos compreendê-lo ou explicá-lo! Algo está faltando em nosso entendimento da natureza humana e do comportamento humano. O que é?" A resposta é clara: Existe uma

---

Paul's Letters. Downers Grove: InterVarsity Press, 1992; Wagner, C. Peter. Territorial Spirits: Practical Strategies for How to Crush the Enemy Through Spiritual Warfare. Chichester: Regal Books, 1991; White, Tom. The Believer's Guide to Spiritual Warfare. Ventura: Regal, 1990; Kraft, Charles H. I Give You Authority: Practicing the Authority Jesus Gave Us. Grand Rapids: Baker Books, 1997. Esses livros abordam de forma mais direta do que Ladd a guerra espiritual.

[7] Stedman, Ray C. Spiritual Warfare: How to Stand Firm in the Faith. Grand Rapids: Discovery House, 1999, enfatiza a importância de compreender a natureza invisível da batalha espiritual para enfrentar as forças do mal com eficácia. Para leituras adicionais sobre o tema, consultar: Arnold, Clinton E. Three Crucial Questions about Spiritual Warfare. Grand Rapids: Baker Books, 1997; Anderson, Neil T. The Bondage Breaker. Eugene: Harvest House Publishers, 2000; Kraft, Charles H. Confronting Powerless Christianity: Evangelicals and the Missing Dimension. Grand Rapids: Chosen Books, 2002; Gomes, Alan. Unmasking the Devil: Strategies to Defeat Eternity's Greatest Enemy. Lake Mary: Charisma House, 2015. Esses livros expandem a compreensão da batalha espiritual, oferecendo tanto fundamentos teológicos quanto estratégias práticas. Ver uma coletânea de livros em português em: Mariz, Cecília. "Teologia da batalha espiritual: uma revisão da bibliografia" In: Almeida, BIB, n. 47, p. 33-48, São Paulo, ANPOCS, 1999.

guerra espiritual nos bastidores da história, e essa guerra no mundo invisível está impulsionando os eventos no mundo visível. Não há paz no mundo material porque, neste momento, há uma guerra no mundo espiritual.

Uma das verdades fundamentais da Palavra de Deus é que, por trás da fina fachada deste mundo, trava-se uma batalha invisível e implacável. Nada é mais significativo, mais relevante e mais real em que possamos estar envolvidos do que a causa de Deus na vasta guerra espiritual. Compreendê-la nos ajuda a ver o mundo como ele realmente é. Satanás está armado e pronto, e suas balas têm nossos nomes nelas. Se não quisermos terminar como baixas, precisamos entender essa batalha e nos armar com os poderosos recursos de Deus. O inimigo nos tem em sua mira e tenta nos enganar, pois o Diabo "é o pai de todas as mentiras".[8]

Nos dias do rei Davi, havia um homem chamado Benaia, filho de Joiada, conhecido por sua bravura e feitos heroicos. Embora seu nome não seja tão famoso quanto o de Davi ou Salomão, as ações de Benaia o destacam como um dos mais valentes guerreiros de Israel. Entre suas façanhas, uma das mais notáveis foi sua batalha contra um leão, que ele enfrentou em circunstâncias desvantajosas.

Segundo o relato bíblico (cf. 2Samuel 23.20; 1Crônicas 11.22), Benaia desceu a um fosso em um dia de neve e matou um leão. Essa cena é poderosa, não apenas pelo desafio físico de lutar contra um predador feroz, mas também pelas condições adversas: um fosso escorregadio e frio, onde qualquer movimento errado poderia ser fatal.

Benaia, contudo, não recuou. Ele entrou no fosso e enfrentou o leão de frente, derrotando-o. Essa vitória não foi apenas uma demonstração de força, mas de uma fé inabalável em Deus, que lhe deu coragem para enfrentar um desafio aparentemente impossível.

---

[8] Geisler, Norman. Teologia Sistemática, Volume 1. Rio de Janeiro: CPAD, 2010, p. 858.

A história de Benaia pode ser vista como uma metáfora para a luta espiritual que todos os crentes enfrentam contra o Diabo. O leão, um símbolo de força e perigo, pode ser comparado a Satanás, que é descrito na Bíblia como um leão que ruge, procurando a quem possa devorar (cf. 1Pedro 5.8, ACF). Assim como Benaia enfrentou o leão em um fosso, os crentes são frequentemente chamados a enfrentar o Diabo em situações de extrema dificuldade, onde tudo parece estar contra eles.

O fosso representa as armadilhas e os lugares sombrios em que Satanás tenta nos prender. O dia de neve simboliza as condições adversas da vida, os momentos de fraqueza e incerteza. Benaia, no entanto, nos mostra que, com coragem e fé, é possível derrotar o inimigo, independentemente das circunstâncias.

Assim como Benaia entrou no fosso sem hesitar, os cristãos são chamados a enfrentar o Diabo e suas obras sem medo, sabendo que a vitória é certa quando se está em aliança com Deus. O Diabo, como o leão, é poderoso, mas não invencível. Do mesmo modo que Benaia confiou em Deus para vencer o leão, os crentes devem confiar no poder de Cristo para superar as tentações e ataques de Satanás.

A forma bíblica de ver as coisas é manter o Senhor sempre diante de nós, colocando Cristo no centro de nossa visão. Se o Diabo estiver à espreita, ele aparecerá apenas na margem e será visto como uma sombra no limite da luz. Sempre será errado inverter essa ordem: Colocar Satanás no centro de nossa visão e deixar Deus à margem. Nada além de tragédia pode resultar de tal inversão.

A melhor maneira de manter o inimigo fora é manter Cristo dentro. As ovelhas não precisam ter medo do lobo; elas só precisam permanecer próximas ao pastor. O Diabo não teme ovelhas que oram, mas sim a presença do pastor. O cristão instruído, cujas faculdades foram desenvolvidas pela Palavra e pelo Espírito, não temerá o Diabo. Quando necessário, ele se levantará contra os poderes das trevas e os derrotará pelo sangue do Cordeiro e pela palavra de seu testemunho (cf. Apocalipse 12.11). Ele reconhecerá o perigo em que vive e saberá o que fazer a respeito, mas praticará a presença de Deus e nunca permitirá que sua vida se torne centrada no demônio.[9]

Devemos lembrar que, nas cartas de Paulo, a palavra "Diabo" é mencionada apenas dez vezes. Em contraste, encontramos as palavras "Jesus" em 219 versículos, "Senhor" em 272 versículos e "Cristo" em 389 versículos. Isso nos mostra claramente que nossa atenção deve estar centrada em Cristo, e não no inimigo.

Que Deus nos ajude a manter esse equilíbrio em mente enquanto avançamos juntos neste livro. Que nosso foco esteja em Cristo, nosso Conquistador, e não em nosso inimigo derrotado. Apocalipse 5.5-7 nos diz que o Cordeiro que foi imolado está em pé no centro de tudo no Céu. Se o Cordeiro crucificado e ressuscitado é o ponto central do Céu, quanto mais Ele deve ser o centro de tudo aqui na Terra, em nossa igreja, família, casamento e vida. Não permitamos que nosso foco se desvie de nosso amado Cordeiro, que foi imolado por nós. Nosso foco deve estar na adoração, não na guerra. O objetivo final é Cristo. Porém, seríamos tolos se ignorássemos o Diabo e suas artimanhas.[10]

---

[9] Apocalipse 12.11 descreve a vitória dos fiéis sobre Satanás, enfatizando dois elementos fundamentais: o sangue do Cordeiro e a palavra do testemunho dos crentes. A expressão "eles, pois, o venceram" aponta para o triunfo dos crentes, onde "o sangue do Cordeiro" se refere ao sacrifício redentor de Cristo, que derrotou Satanás e o poder do pecado. A vitória não é conquistada pelas próprias forças dos crentes, mas pelo que Cristo realizou na cruz. Além disso, "a palavra do testemunho que deram" sublinha a importância do testemunho fiel dos crentes, que, mesmo diante da morte, mantiveram sua fé e não amaram suas próprias vidas. Assim, a passagem destaca tanto a obra redentora de Cristo quanto a perseverança dos crentes em sua fé, elementos essenciais para a vitória sobre as forças do mal.

[10] Apocalipse 5.5-7 apresenta uma visão poderosa do Cordeiro que foi imolado, mas que agora está em pé no centro do Céu, simbolizando a centralidade de Cristo na redenção e soberania divinas. O texto enfatiza que o Cordeiro, Jesus Cristo, que morreu e ressuscitou, ocupa a posição mais elevada no Céu,

sendo digno de abrir o livro selado e desvendar o plano de Deus para a história. Se Cristo é o centro no Céu, Ele deve ser igualmente central em todas as áreas de nossa vida na Terra — em nossas igrejas, famílias, casamentos e existências individuais. A adoração a Cristo deve ser nossa prioridade absoluta, acima de todas as outras considerações. Contudo, enquanto mantemos nosso foco em Cristo, é necessário estar cientes da realidade do mal personificado no Diabo e suas artimanhas. Ignorar a existência e as estratégias do Diabo seria imprudente, mas nossa principal ocupação deve ser a adoração e submissão ao Cordeiro, cuja vitória sobre o mal já foi assegurada.

CAPÍTULO 1

OS TRÊS ÉDENS NA BÍBLIA

VAMOS INICIAR NOSSO livro pelo jardim de Deus: o Jardim do Éden. Segundo o *Hebrew and Aramaic Lexicon of Old Testament* (HALOT), o nome "Éden" deriva do termo usado para "bênção" ou "delícias".[1] Então, o Jardim do Éden seria o "jardim das delícias". Esse conceito é um dos temas mais fascinantes e profundos encontrados nas Escrituras. A narrativa bíblica menciona diferentes estágios e aspectos do Éden, cada um com significados únicos e profundos. Desde o Éden primordial, onde Deus colocou Adão e Eva em um estado de perfeição e comunhão íntima com Ele, até as referências simbólicas e proféticas de um Éden futuro, que aponta para a restauração e redenção final da criação. Cada menção do Éden nas Escrituras carrega uma riqueza de significado teológico e espiritual que revela a intenção divina para a humanidade e a criação.

Segundo John H. Walton, do Wheaton College, o tema do jardim é recorrente na literatura do Antigo Oriente Próximo. Um exemplo disso é a versão assíria da Epopeia de Gilgamesh, na qual se "encontra um jardim de joias perto do fim de sua busca por Uta-Napishti, o herói do dilúvio babilônico. Ele está localizado

---

[1] Segundo KOEHLER, L.; BAUMGARTNER, W.; RICHARDSON, M. E. J.; STAMM, J. J. The Hebrew and Aramaic Lexicon of the Old Testament. Leiden: Brill, 1994-2000. 5 v.

onde Shamash, o deus do sol, entra e sai a cada dia".[2] Embora não se saiba se as joias se referem metaforicamente a frutas ou se as árvores do mito realmente produzem joias, o paralelo com o texto de Ezequiel 28 é notável. Provavelmente, a imagem do jardim estava associada a espaços sagrados, como templos. O autor do livro *The Lost World of Adam and Eve* afirma que:

> A iconografia apoia amplamente essa relação entre jardins/rios e templos, mas a maior parte das evidências arqueológicas se refere a palácios em vez de templos. Não é surpresa que os reis replicassem para si os privilégios que os deuses desfrutavam. Arqueólogos descobriram um templo perto de Assur com muitas fileiras de fossos para árvores no pátio. No Egito, um bosque divino às vezes estava associado a um templo. Piscinas artificiais, árvores e plantas exóticas, peixes e aves aquáticas, e produtos cultivados para o sustento dos deuses eram características desses jardins de templos. Sua fertilidade e disposição ordenada simbolizavam a ordem no cosmos.[3]

O estudo dos Édens bíblicos tem sido objeto de intensa investigação teológica e exegética ao longo dos séculos. Diversos estudiosos têm se debruçado sobre as diferentes fases do Éden, oferecendo perspectivas valiosas que enriquecem nossa compreensão desse tema central. Entre eles, podemos destacar a obra de John Milton, *Paraíso Perdido*, que poeticamente narra a queda de Satanás e o impacto do pecado na criação. Milton descreve o Éden como um lugar de beleza celestial, cuja perda ressoa com tragédia e esperança de redenção.

Em *Paraíso Perdido*, Milton escreve: "O Éden foi um paraíso, um lugar de alegria e paz, cuja perfeição foi rompida pelo pecado

---

[2] Walton, John H. The Lost World of Adam and Eve. Downers Grove: InterVarsity Press, 2015, p.120.

[3] WALTON, John H. The Lost World of Adam and Eve. Downers Grove: InterVarsity Press, 2015, p.118.

de Adão e Eva" (Milton, 1667). Sua descrição do Éden e da Queda não só reflete a narrativa bíblica, mas também adiciona uma camada de interpretação poética que influenciou a teologia e a literatura por séculos. Além disso, a obra de G. K. Chesterton oferece uma perspectiva apologética sobre o Éden, conectando a narrativa do Jardim do Éden com o destino da humanidade. Chesterton argumenta que a história do Éden não é apenas uma alegoria antiga, mas uma verdade eterna sobre a condição humana:

> [...] o homem sempre foi pródigo em se perder; desde o Éden é um errante. Mas sempre soube, ou julgou saber, o que estava buscando. Todo homem tem um lar em algum lugar desse universo complexo; sua casa espera.[4]

John Walton considera o Templo de Jerusalém como um símbolo do Jardim do Éden. Ele cita Victor Hurowitz, que diz: "As decorações no Templo e sua distribuição eram lógicas e significativas. Parece que o Templo não era apenas a residência de YHWH, mas um jardim divino na Terra".[5] Outros estudiosos contemporâneos também têm contribuído significativamente para o entendimento dos Édens bíblicos. N.T. Wright, em sua obra *Surprised by Hope* (Surpreendido pela Esperança), explora a ideia do Éden como um símbolo da nova criação prometida por Deus. Wright sugere que o Éden inicial serve como um protótipo para a nova terra, onde a redenção e a restauração completas da criação serão realizadas. Precisamente porque a criação é obra do Deus de amor, a redenção não é algo estranho e incompreensível, mas um ato de libertação da escravidão à qual está sujeita por

---

[4] CHESTERTON, Gilbert Keith. O que há de errado com o mundo. 2. ed. Campinas: Editora Ecclesiae, 2019, p. 68.

[5] WALTON, John H. The Lost World of Adam and Eve. Downers Grove: InterVarsity Press, 2015, p.117.

causa do pecado praticado pelos primeiros mordomos da criação divina, a saber, Adão e Eva.[6]

Esses três exemplos, Milton, Chesterton e Wright, ilustram como a interpretação do Éden evoluiu ao longo do tempo e nos diversos campos literário, apologético e teológico. A investigação contínua sobre o Éden não só enriquece nossa compreensão da narrativa bíblica, mas também nos oferece uma visão mais profunda do propósito e plano de Deus para a humanidade.

Estudar as diferentes fases do Éden nos ajuda a perceber a continuidade e a esperança que permeiam a história da salvação, desde a criação até a redenção final. Sobre isso, o teólogo Alister McGrath, em sua obra *A Ciência de Deus*, afirma que o Éden, em sua essência, representa a interseção entre a criação divina e a perfeição humana. Ele não é apenas um lugar físico, mas um símbolo do propósito original de Deus para a humanidade. A importância do Éden reside no fato de que ele nos oferece uma visão de como o mundo deveria ser, antes da corrupção do pecado. É um lembrete constante da intenção divina de viver em comunhão com a humanidade em um estado de paz e harmonia. O Éden, portanto, é fundamental para a teologia cristã, pois aponta para a restauração final que será realizada através de Cristo. Através do Éden, entendemos melhor o início da história humana e o objetivo final da redenção. McGrath propõe buscar essa reconexão com os antigos anseios humanos pela verdade que ilumina o bom e o belo, sob forma de um profundo sentimento de contemplação a partir das coisas criadas.[7]

McGrath mostra no texto a importância do Éden não apenas como um elemento da narrativa bíblica, mas como um conceito

---

[6] Wright, N.T. Surpreendido pela esperança. Trad. Jorge Camargo. Viçosa: Ultimato, 2009, p. 112.

[7] McGrath, Alister E. The open secret: a new vision for natural theology. Malden, MA: Blackwell Pub., 2008, p. 19.

central na teologia cristã, essencial para moldar a compreensão de três aspectos importantes: A Criação, a Queda e a redenção.

> [...] ensina claramente que a queda de Adão e Eva no pecado não foi um simples ato isolado de desobediência, mas um evento de significado catastrófico para a criação como um todo [...]. Os efeitos do pecado atingem a criação inteira; em princípio nada do que foi criado está imune aos efeitos corrosivos da queda. Quer analisemos as estruturas sociais, como o estado ou a família, atividades culturais, como a arte ou a tecnologia, funções corporais, como a sexualidade ou alimentação, quer analisemos qualquer outra coisa dentro da enorme abrangência da criação, descobriremos que o excelente trabalho das mãos de Deus foi arrastado para a esfera do motim contra Deus. "Toda a criação geme", Paulo escreve, sujeita ao "cativeiro da degeneração". [8]

O primeiro Éden

Os capítulos 1 e 2 de Gênesis têm sido interpretados de diferentes maneiras ao longo dos séculos. Sob o ponto de vista literário, a posição tradicional afirma que todo o livro de Gênesis, assim como o restante do Pentateuco, foi escrito por Moisés.[9] No entanto, a partir do século XVIII, essa interpretação começou a ser desafiada com o avanço do Iluminismo. O alemão Julius Welhausen, professor da Universidade de Greifswald, formulou a Hipótese Documentária, que defendia a não-autoria mosaica do Pentateuco, sugerindo que este foi produto de um processo redacional, cujas fontes foram documentos de épocas distintas.[10] Para os defensores dessa teoria, seria possível identificar nos primeiros cinco livros da Bíblia

---

[8] KELLER, Timothy. Como integrar fé e trabalho: nossa profissão a serviço do Reino de Deus. Trad. Eulália Pacheco Kregness. São Paulo: Vida Nova, 2014, p. 85-86.

[9] DILLARD, Raymond B. LONGMAN III, Tremper. Introdução ao Antigo Testamento. São Paulo: Vida Nova, 2006.

[10] SKA, Jean L. Introdução à leitura do Pentateuco. São Paulo: Edições Loyola, 2003.

extratos dos documentos-fontes, que foram nomeados: Javista (J), Eloísta (E), Sacerdotal (P) e Deuteronomista (D). A teoria de Welhausen sofreu várias modificações, como a proposta por George Fohrer, que postulou a existência de uma nova fonte, além das citadas acima, a Nômade (N).[11] Na década de 70, fortaleceu-se, principalmente no meio acadêmico alemão, a Hipótese de que o Pentateuco foi composto a partir dos documentos Sacerdotal, datado do período exílico, e Deuteronomista, e várias tradições fragmentárias, consideradas como pré ou pós-sacerdotais.[12] Tanto na teoria da Hipótese Documental quanto na interpretação tradicional, os capítulos 1 e 2-4 de Gênesis são interpretados como duas narrativas da criação. A primeira delas atribuída à autoria sacerdotal, que data do período do exílio, enquanto a segunda, cuja proveniência permanece discutida até os dias atuais, poderia pertencer à fonte Javista ou ser uma tradição pós-sacerdotal, ou seja, pós-exilíca.[13]

Dentro da visão tradicional, que afirma a visão ortodoxa da autoria mosaica de Gênesis, muitos mestres e expositores interpretaram o trecho 1.1-2 como uma descrição da criação original de Deus, na qual a Terra foi inicialmente criada em um estado perfeito. De acordo com essa interpretação, em algum momento após a Criação original, ocorreu um evento de julgamento divino que resultou em uma transformação drástica da Terra, levando-a a um estado de caos e desordem.

Essa perspectiva é frequentemente associada à Teoria do Intervalo, que propõe a existência de um período de tempo

---

[11] Fohrer, Georg. Sellin, Ernest. Introdução ao Antigo Testamento. São Paulo: Editora Academia Cristã, 2007.

[12] Ska, Jean L. Introdução à leitura do Pentateuco. São Paulo: Edições Loyola, 2003. Gertz, Jan C. Levinson, Bernard M. Schmid, Konrad. The Formation of the Pentateuch. Tübingen: Mohr Siebeck, 2016.

[13] Schmid, Konrad. História da Literatura do Antigo Testamento. São Paulo: Edições Loyola, 2013. Marguerat, Daniel (org..). Introduccion al Antiguo Testamento. Bilbao: Editorial Desclée de Brouwer, 2008.

significativo entre Gênesis 1.1 ("No princípio criou Deus os céus e a terra") e Gênesis 1.2 ("E a terra era sem forma e vazia"). A ideia central dessa teoria é que, após a Criação inicial, algo catastrófico ocorreu — possivelmente uma rebelião angelical liderada pelo Diabo — que trouxe ruína à Criação original. O julgamento divino contra Satanás e seus seguidores teria deixado a Terra "sem forma e vazia", coberta de escuridão e águas profundas, necessitando de um ato subsequente de recriação ou reorganização por parte de Deus. Essa teoria foi formulada no século XIX, pelo teólogo escocês Thomas Chalmers (1780-1847)[14], sendo defendida também por teólogos como J. N. Darby, G. V. Wigram, W. Kelly, C. H. Mackintosh e M. F. Unger, e popularizada pela *Scofield Reference Bible*, editada por Cyrus I. Scofield e lançada em 1909.[15] Na sua nota sobre Gênesis 1.2, Scofield afirma:

> Jeremias 4:23-26, Isaías 24:1 e 45:18 indicam claramente que a terra passou por uma mudança cataclísmica como resultado de um julgamento divino. A face da terra, em toda parte, carrega as marcas de tal catástrofe. Não faltam insinuações que conectam isso a um teste anterior e à queda dos anjos. Veja Ezequiel 28:12-15 e Isaías 14:9-14, que certamente vão além dos reis de Tiro e Babilônia.[16]

Harry Rimmer, um teólogo defensor do criacionismo, contribuiu para essa teoria em seu livro *Modern Science and Genesis Records*, no qual afirma:

---

[14] BOAHENG, Isaac. A Linguistic and Theological Assessment of the Gap Theory with Particular Reference to Genesis 1:1-2b. Journal of Humanities, Arts and Social Sciences. New York, v. 1, n. 1, p. 1- 10, Maio 2020. DOI: https://doi.org/10.38159/ehass.2020051. Disponível em: https://noyam.org/journals/ehass/

[15] Idem, p.2. WALTON, John. The Lost World of Genesis. Downers Grove: InterVasity Press, 2009.

[16] SCOFIELD, Cyrus I. Scofield Reference Bible. New York: Oxford University Press, 1917, p. 03.

> Somente Deus sabe quantas eras se passaram antes que a ruína causada por Lúcifer caísse sobre a Terra, mas pode ter sido um período de tempo incalculável. Tampouco qualquer estudioso pode dizer quanto tempo durou o período de caos; não há nem mesmo uma dica fornecida. Mas vamos reconhecer claramente nesses estudos que Moisés, no relato da primeira semana da criação, está contando a história da reconstrução de Deus, em vez da história de uma criação original.[17]

Lewis S. Chafer, em sua clássica *Systematic Theology*, comenta sobre o texto de Ezequiel 28:

> Uma porção considerável deste contexto imediato deve ser analisada versículo por versículo, mas, em preparação para essa tarefa, pode-se observar que a revelação sobre Satanás começa com o período sem data entre a criação dos céus e da terra naquela forma perfeita em que apareceram pela primeira vez (Gênesis 1:1) e os julgamentos desoladores que encerraram esse período, quando a terra se tornou desolada e vazia (Gênesis 1:2; Isaías 24:1; Jeremias 4:23–26).[18]

Essa interpretação busca harmonizar a crença na perfeição da Criação original com a descrição do estado caótico da Terra em Gênesis 1.2. Para muitos, ela também oferece uma explicação teológica para a existência do mal e do caos no mundo, apontando para um evento pré-adâmico que introduziu a desordem na criação. Embora tenha sido amplamente aceita por muitos teólogos e estudiosos cristãos, é importante notar que a Teoria do Grande Intervalo não é unânime e é relativamente recente. Algumas tradições cristãs conservadoras interpretam Gênesis 1.1-2 de forma diferente, vendo esses versículos como parte de um relato contínuo

---

[17] Rimmer, H. Modern Science and the Genesis Record. Grand Rapids: William B. Eerdmans Publishing Company, 1941.

[18] Chaffer, Lewis Sperry. Systematic Theology. Dallas: Dallas Seminary Press, 1947, vol. 3, p. 475

da Criação em seis dias, sem a necessidade de um intervalo de tempo ou um evento de julgamento intermediário.

De qualquer forma, essa interpretação sublinha a crença na soberania de Deus sobre a Criação e o julgamento, na esperança de que, assim como a Terra foi restaurada após o caos inicial, a criação inteira seja um dia restaurada à sua plenitude original no plano redentor de Deus.

O primeiro Éden em J. N. Darby

John Nelson Darby (1800-1882), um dos principais teólogos do movimento dos Irmãos de Plymouth e uma figura central no desenvolvimento do dispensacionalismo, ofereceu uma interpretação única do conceito do Éden no contexto da Criação original. Em sua teologia, Darby propôs a ideia de diferentes "dispensações" ou períodos na história da humanidade, nos quais Deus se relaciona com a humanidade de maneiras distintas.[19] Dentro desse quadro dispensacional, Darby discutiu a existência de diferentes estados ou condições do Éden, destacando o que ele considerava o "primeiro Éden". Ele defendeu que a Criação inicial descrita em Gênesis era um estado de perfeição, representando uma era anterior à introdução do mal e do caos na criação. Essa Criação original teria sido marcada por harmonia e ordem, refletindo a intenção perfeita de Deus antes da rebelião do Diabo e a subsequente queda, que trouxe desordem ao cosmos. Esse entendimento de uma Criação inicial perfeita é fundamental para a interpretação dispensacionalista, que vê a história da redenção como um processo de restauração da ordem original através das diversas dispensações estabelecidas por Deus ao longo da história bíblica.

---

[19] Darby, John N. Collected Writtings of John N. Darby: Apologetic, volume 2. Addison: BibleTruth Publishers, 1971. Gribben, Crawford. John N. Darby and the roots of Dispensationalism. New York: Oxford University Press, 2024.

Segundo Darby, o "primeiro Éden" refere-se ao estado inicial da Criação de Deus conforme descrito em Gênesis 1.1: "No princípio, criou Deus os céus e a terra". Ele acreditava que esse versículo descrevia uma criação original perfeita, em plena harmonia com a vontade de Deus. Esse "primeiro Éden" não se referia ao jardim descrito em Gênesis 2, mas a uma condição ideal da terra e dos céus criados por Deus antes de qualquer corrupção ou julgamento. Darby explicou que essa Criação inicial era um estado de perfeição, uma era anterior à introdução do mal e do caos na Criação.

Darby argumentava que, após essa Criação original, houve uma rebelião no reino angelical, liderada pelo Diabo, que resultou em um julgamento divino severo. Essa rebelião e o consequente julgamento divino trouxeram ruína à Criação original, deixando a Terra em um estado de caos e desordem, como descrito em Gênesis 1.2: "A terra, porém, estava sem forma e vazia; havia trevas sobre a face do abismo [...]". Para Darby, esse evento marcou o fim do "primeiro Éden" e a necessidade de uma recriação ou reorganização da Terra, que ele via descrita na subsequente narrativa da criação a partir de Gênesis 1.3.[20]

Implicações teológicas

A visão de Darby sobre o "primeiro Éden" é crucial para sua interpretação dispensacionalista da Bíblia. Ele via cada dispensação como uma fase distinta na história da redenção, com o "primeiro Éden" representando a era antes da queda angélica, uma era de perfeição interrompida pelo pecado e pela rebelião. A destruição

---

[20] DARBY, John Nelson. Collected Writings of J.N. Darby. London: G. Morrish, 1867, vol. 1, p. 47-50, onde Darby discute a interpretação dispensacionalista da criação, enfatizando a distinção entre a criação original e a reorganização subsequente após a queda do Diabo. Para um contexto adicional, ver: CHAFFER, Lewis Sperry. Systematic Theology. Dallas: Dallas Seminary Press, 1947, vol. 2, p. 135-137.

do "primeiro Éden" e a subsequente recriação da Terra servem como paralelos para a futura restauração de todas as coisas na nova criação, segundo o plano redentor de Deus.[21] Darby articulou essas ideias em várias de suas obras, incluindo *The Collected Writings of J. N. Darby*, e explicou que a "queda" mencionada na teologia tradicional não se refere apenas à queda do homem no Jardim do Éden, mas a uma queda anterior, que envolveu seres angelicais e trouxe desordem ao cosmos.[22]

O primeiro Éden em Wigram

George Vicesimus Wigram, embora mais conhecido por suas contribuições técnicas ao estudo bíblico, como suas concordâncias gregas e hebraicas, também participou das discussões teológicas de sua época, especialmente dentro do contexto dos Irmãos de Plymouth. Por conseguinte, Wigram também produziu um corpo extenso de escritos teológicos originais sobre tópicos como o "primeiro Éden" e a queda do Diabo. Esses temas são mais diretamente abordados por contemporâneos como John Nelson

---

[21] A destruição do "primeiro Éden" e a subsequente recriação da Terra são entendidas como prefigurações do plano redentor de Deus, que culminará na futura restauração de todas as coisas na nova criação. Essa interpretação sugere que assim como a Terra foi reorganizada após o caos introduzido pela queda, ela também será completamente renovada e restaurada no fim dos tempos, refletindo a intenção original de Deus para a criação. Esse paralelo reforça a continuidade do plano divino desde o início até a consumação final, onde a redenção e a restauração serão plenamente realizadas.

[22] Ver: Darby, John Nelson. The Collected Writings of J. N. Darby. London: G. Morrish, 1867-1883; Chaffer, Lewis Sperry. Systematic Theology. Dallas: Dallas Seminary Press, 1947; Walvoord, John F. The Millennial Kingdom. Grand Rapids: Zondervan, 1959; Ryrie, Charles C. Dispensationalism Today. Chicago: Moody Press, 1965; Williamson, Paul R. Sealed with an Oath: Covenant in God's Unfolding Purpose. Grand Rapids: InterVarsity Press, 2007. Ver, em português, Bergstén, Eurico. Introdução à Teologia Sistemática. Rio de Janeiro: CPAD, 2008, que oferece uma visão abrangente da teologia sistemática, incluindo discussões sobre a teologia dispensacionalista de Darby.

Darby, cujo pensamento teológico Wigram apoiou e com quem compartilhou muitas ideias.[23]

O primeiro Éden e a fidelidade do Diabo

Dentro do contexto das ideias associadas ao dispensacionalismo, que influenciaram tanto Darby quanto Wigram, o "primeiro Éden" é frequentemente descrito como o estado original da Criação, um período de perfeição e harmonia que existia antes da introdução do pecado no universo. Esse conceito do "primeiro Éden" se refere a um estado de existência onde a Terra e o cosmos estavam em total conformidade com a vontade de Deus, antes de qualquer evento de rebelião ou desordem. [24]

Período antes da queda do Diabo

No pensamento dispensacionalista, incluindo aquele influenciado por Wigram, o Diabo era originalmente um ser angelical de alta posição e grande beleza, criado por Deus para desempenhar um papel específico na administração da criação. Durante o período

---

[23] George Vicesimus Wigram é uma figura central no movimento dos Irmãos de Plymouth. Ele é mais conhecido por seu trabalho na sistematização e organização das Escrituras, particularmente por meio de sua Englishman's Greek and Hebrew Concordances of the New Testament and Old Testament. Wigram acreditava firmemente na importância de um estudo rigoroso e literal da Bíblia, defendendo que cada palavra das Escrituras tinha um significado específico que deveria ser compreendido em seu contexto original. Sua abordagem teológica enfatizava a exegese precisa e a interpretação cuidadosa dos textos bíblicos, visando preservar a pureza da doutrina e a integridade da fé cristã. Suas obras não apenas facilitaram o estudo das línguas originais da Bíblia, mas também influenciaram o desenvolvimento da teologia dispensacionalista, que valoriza uma leitura literal e histórica das Escrituras. Ver as obras: WIGRAM, The Englishman's Greek Concordance of the New Testament, 1839; WIGRAM, The Englishman's Hebrew and Chaldee Concordance of the Old Testament, 1843.

[24] Embora Wigram não tenha escrito extensivamente sobre o "primeiro Éden" de forma isolada, suas ferramentas exegéticas, como The Englishman's Hebrew and Chaldee Concordance, ajudaram teólogos e estudiosos a investigar as raízes hebraicas dos textos bíblicos que mencionam o Éden.

do "primeiro Éden", Satanás é visto como um ser fiel a Deus, cumprindo suas responsabilidades com perfeição e honrando a soberania divina (cf. Ezequiel 28.1-19; Isaías 14.12-14).[25] Esse período é caracterizado por uma harmonia universal, onde todos os seres criados, incluindo os anjos, estavam em total obediência à vontade de Deus.[26]

A visão teológica compartilhada por Wigram e Darby sugere que a fidelidade do Diabo a Deus foi uma característica marcante desse período. O Diabo, chamado de "estrela da manhã" em Isaías 14, estava em uma posição de liderança entre os anjos e era visto como um guardião da glória divina. Esse período, portanto, é visto como um tempo em que a criação refletia plenamente a ordem e a bondade de Deus, sem a presença do mal ou do caos.

A queda do Diabo

De acordo com essa visão, a queda do Diabo marca o fim do "primeiro Éden" e a introdução do pecado e da rebelião no cosmos. O Diabo, por orgulho e desejo de exaltar-se acima de Deus, rebelou-se contra o Criador, levando uma parte dos anjos consigo. Esse ato de rebelião resultou em um julgamento divino que

---

[25] SCOFIELD, Cyrus I. Scofield Reference Bible. New York: Oxford University Press, 1917, p. 871

[26] CHAFER, Lewis S. Systematic Theology: Volume 3. Dallas: Dallas Theological Seminary Press, 1948. A visão do Diabo como um ser inicialmente fiel a Deus, cumprindo suas responsabilidades com perfeição e honrando a soberania divina, reflete uma interpretação teológica que caracteriza esse período como uma era de harmonia universal. Durante esse tempo, todos os seres criados, incluindo os anjos, viviam em total obediência à vontade de Deus, sem a presença de pecado ou desordem. Essa fase de perfeita ordem e submissão é muitas vezes associada ao "primeiro Éden" ou ao estado original da criação, antes da queda do Diabo e da subsequente introdução do mal no cosmos. A teologia que sustenta essa visão sugere que a rebelião do Diabo marcou uma ruptura dramática nesse estado de harmonia, levando à desordem e ao caos que posteriormente afetaram toda a criação, culminando na necessidade do plano redentor de Deus para restaurar a ordem e a justiça divinas.

trouxe caos e desordem à criação, como descrito em Gênesis 1.2, onde a Terra é vista como "sem forma e vazia". Esse estado de caos tornou necessária a subsequente recriação ou reorganização por parte de Deus, descrita na narrativa bíblica dos seis dias da criação, em Gênesis 1.3 e seguintes.

O primeiro Éden em William Kelly

William Kelly (1821-1906) foi um destacado teólogo e expositor bíblico associado ao movimento dos Irmãos de Plymouth, que desempenhou um papel significativo no desenvolvimento e na disseminação das ideias dispensacionalistas, seguindo a tradição de John Nelson Darby. Kelly é lembrado por sua extensa obra escrita, incluindo comentários bíblicos, traduções e tratados teológicos, que ajudaram a popularizar as doutrinas dos Irmãos de Plymouth e aprofundar o entendimento das Escrituras.[27]

Contribuições teológicas de William Kelly

Comentários bíblicos e exposição das Escrituras

William Kelly foi um prolífico escritor e expositor das Escrituras, e seus comentários bíblicos são amplamente respeitados dentro

[27] Os Irmãos de Plymouth, um movimento cristão que surgiu no século XIX, desempenharam um papel crucial no aprofundamento do entendimento das Escrituras, adotando uma interpretação literal e direta da Bíblia. Eles rejeitaram as tradições e hierarquias eclesiásticas, defendendo a autonomia das congregações locais e a comunhão entre os crentes sem a mediação clerical. John Nelson Darby, uma das principais figuras do movimento, foi influente na formação do dispensacionalismo, uma doutrina que teve grande impacto na escatologia cristã moderna, especialmente na crença do arrebatamento pré-tribulacional, amplamente difundida entre denominações protestantes. A ênfase dos Irmãos de Plymouth em uma exegese rigorosa e em uma escatologia específica contribuiu significativamente para a teologia protestante contemporânea. Veja: Darby, John Nelson. Synopsis of the Books of the Bible. London: G. Morrish, 1867; Crawford, J. R. The Brethren: The Story of a Great Recovery. London: Chapter Two, 2007; Neatby, William Blair. A History of the Plymouth Brethren. London: Hodder and Stoughton, 1901.

dos círculos evangélicos. Ele abordou diversos livros da Bíblia com um foco particular na interpretação literal e dispensacionalista dos textos. Kelly seguiu a linha de pensamento de Darby, defendendo a interpretação histórico-gramatical da Bíblia e enfatizando a importância de entender as diferentes dispensações ou eras na história da redenção.[28]

Relação com o dispensacionalismo

Kelly foi um defensor fervoroso das doutrinas dispensacionalistas desenvolvidas por Darby. Ele elaborou e expandiu essas ideias em seus escritos, ajudando a definir o escopo e a natureza das dispensações e como elas se relacionam com o plano redentor de Deus ao longo da história. Em suas obras, Kelly argumentou que cada dispensação representava uma era distinta, na qual Deus lidava com a humanidade de maneira particular, culminando na dispensação futura do Reino milenar de Cristo.[29]

Kelly também escreveu extensivamente sobre a escatologia dispensacionalista, incluindo temas como o arrebatamento da Igreja, a Grande Tribulação e o Reino Milenar. Sua escatologia foi marcada por uma expectativa iminente do retorno de Cristo e a crença na separação entre Israel e a Igreja como

---

[28] William Kelly, um seguidor próximo de John Nelson Darby, aderiu à linha de pensamento de seu mentor ao defender a interpretação histórico-gramatical da Bíblia. Kelly enfatizou a importância de compreender as diferentes dispensações ou eras na história da redenção, contribuindo para o desenvolvimento e popularização do dispensacionalismo entre os Irmãos de Plymouth. Sua obra teológica focava em uma leitura cuidadosa e contextual das Escrituras, destacando como cada dispensação revela aspectos distintos do plano redentor de Deus ao longo da história. Para mais, ver: KELLY, William. Lectures on the Book of Revelation. London: G. Morrish, 1870; BASS, Clarence B. Backgrounds to Dispensationalism: Its Historical Genesis and Ecclesiastical Implications. Grand Rapids: Eerdmans, 2005.

[29] KELLY, William. Lectures on the Second Coming of the Lord Jesus Christ. London: G. Morrish, 1865. p. 186-237.

dois povos distintos com promessas específicas dentro do plano divino.[30]

Escritos sobre o Diabo e o primeiro Éden

William Kelly abordou temas como a queda do Diabo e o conceito do "primeiro Éden" em alguns de seus escritos teológicos. Assim como outros teólogos do movimento, Kelly acreditava em uma Criação original perfeita, que foi corrompida pela rebelião de Satanás e a subsequente introdução do pecado e do caos na criação. Kelly via a queda do Diabo como um evento de grande importância teológica, marcando a transição do "primeiro Éden" — um estado de harmonia e perfeição — para um estado de ruína e desordem, que exigiu a recriação ou reorganização subsequente por parte de Deus.[31]

Em seus escritos, Kelly discutiu a posição exaltada do Diabo antes de sua queda, destacando sua fidelidade inicial a Deus e seu papel de liderança entre os anjos. No entanto, movido por orgulho, ele buscou exaltar-se acima de Deus, resultando em sua queda e na introdução do mal no cosmos. Kelly viu isso como um marco teológico significativo que impactou toda a criação e que seria

---

30 KELLY, William. Lectures on the Second Coming of the Lord Jesus Christ. London: G. Morrish, 1865. p. 186-237. Kelly argumenta que Israel e a Igreja possuem destinos distintos no plano escatológico de Deus, com Israel recebendo as promessas terrenas do Reino messiânico, enquanto a Igreja é chamada para a glória celestial. Ver também: DARBY, John Nelson. Synopsis of the Books of the Bible. London: G. Morrish, 1867. p. 134-152, onde Darby desenvolve a ideia de dispensações separadas, com Israel e a Igreja atuando em diferentes eras na história da redenção. Para uma análise histórica do desenvolvimento dessas ideias, ver: BASS, Clarence B. Backgrounds to Dispensationalism: Its Historical Genesis and Ecclesiastical Implications. Grand Rapids: Eerdmans, 2005. p. 45-78, onde o autor explora as origens e implicações eclesiásticas dessa doutrina.

31 Para Kelly, essa interpretação reforçava a continuidade do plano redentor de Deus, mostrando que, mesmo diante da rebelião e do caos, a soberania divina operava para restaurar a ordem e cumprir Seu propósito eterno. Veja as obras: KELLY, William. Lectures on the Pentateuch. London: G. Morrish, 1871; KELLY, William. Exposition of the Revelation of John. London: C. A. Hammond, 1871.

redimido somente na consumação dos tempos, com a restauração plena da ordem divina.

Edição e influência

Além de seus comentários e tratados, Kelly também se envolveu em trabalhos de tradução e edição, incluindo a tradução das obras de Darby e a edição de uma revista teológica chamada *The Bible Treasury*. Ele usou essas plataformas para disseminar suas interpretações teológicas e exegéticas, influenciando uma geração de expositores bíblicos e consolidando a posição do dispensacionalismo dentro do evangelicalismo britânico e além.

Bibliografia e citações

1. Kelly, William. *Lectures on the Pentateuch*. London: G. Morrish, 1871.
   Nesse trabalho, Kelly oferece uma análise detalhada dos cinco primeiros livros da Bíblia, incorporando sua visão dispensacionalista e explorando temas como a Criação, a queda do homem e a introdução do mal na criação.[32]
2. Kelly, William. *Exposition of the Revelation of John*. London: C. A. Hammond, 1871.
   Um comentário sobre o livro de Apocalipse, onde Kelly desenvolve sua visão escatológica, especialmente a expectativa do Reino Milenar e o cumprimento das profecias bíblicas. [33]

---

[32] Ver também: Darby, John Nelson. Synopsis of the Books of the Bible. London: G. Morrish, 1867. Este livro complementa a análise de Kelly, oferecendo uma interpretação dispensacionalista das Escrituras, com ênfase nos mesmos temas. Além disso, para uma perspectiva mais recente, consultar: Ryrie, Charles C. Dispensationalism. Chicago: Moody Publishers, 2007, que oferece uma defesa e atualização do dispensacionalismo clássico; e Walvoord, John F. The Millennial Kingdom. Grand Rapids: Zondervan, 1983, onde o autor examina as implicações escatológicas da teologia dispensacionalista, particularmente em relação ao Reino Milenar.

[33] Ver ainda: Walvoord, John F. The Revelation of Jesus Christ: A Commentary. Chicago: Moody Publishers, 1966, onde o autor oferece uma interpretação

3. Kelly, William. The Bible Treasury. Various volumes, 1856-1906.
Uma revista teológica que Kelly editou, na qual ele publicou muitos de seus artigos e comentários sobre passagens bíblicas, incluindo discussões sobre a queda do Diabo e o estado original da criação. [34]

O primeiro Éden em C. H. Mackintosh

Charles Henry Mackintosh (1820-1896), mais conhecido como C. H. Mackintosh, foi um influente escritor e expositor bíblico dentro do movimento dos Irmãos de Plymouth. Ele é amplamente reconhecido por seus escritos devocionais e teológicos, que ajudaram a popularizar e disseminar as doutrinas dispensacionalistas entre um público mais amplo. Mackintosh é talvez mais famoso por sua série de comentários intitulada *Notes on the Pentateuch*, que oferece uma exposição clara e prática dos primeiros cinco livros da Bíblia.[35]

---

dispensacionalista do Apocalipse, destacando a importância do Reino Milenar; e ICE, Thomas; DEMY, Timothy. Prophecy Watch: What to Expect in the Days to Come. Eugene: Harvest House Publishers, 1998, que examina o cumprimento das profecias bíblicas à luz do dispensacionalismo contemporâneo.

[34] KELLY, William. The Bible Treasury. Various volumes, 1856-1906. Esta revista teológica, editada por Kelly, inclui muitos de seus artigos e comentários sobre passagens bíblicas, abordando temas como a queda do Diabo e o estado original da criação. Para uma leitura complementar sobre a queda no contexto dispensacionalista, ver: CHAFFER, Lewis Sperry. Satan: His Motives and Methods. Grand Rapids: Kregel Publications, 1995, onde o autor explora a origem e o papel de Satanás no plano divino; e PENTECOST, J. Dwight. Things to Come: A Study in Biblical Eschatology. Grand Rapids: Zondervan, 1964, que discute a escatologia dispensacionalista, incluindo o papel do Diabo na história redentora.

[35] Para uma análise contemporânea do impacto do dispensacionalismo e a importância de autores como Mackintosh, ver: RYRIE, Charles C. Dispensationalism Today. Chicago: Moody Publishers, 1965, que discute a evolução e os princípios do dispensacionalismo; SHOWERS, Renald E. There Really Is a Difference: A Comparison of Covenant and Dispensational Theology. Bellmawr: Friends of Israel Gospel Ministry, 1990, que contrasta as teologias da aliança

Contribuições teológicas de C. H. Mackintosh

Simplicidade e clareza na exposição bíblica

C. H. Mackintosh foi conhecido por sua habilidade de expor as Escrituras de maneira simples, clara e pastoral, tornando as doutrinas complexas acessíveis a leitores comuns. Seus escritos eram frequentemente caracterizados por um tom devocional, buscando edificar espiritualmente seus leitores enquanto apresentava as verdades bíblicas. [36]

Notes on the Pentateuch (Notas sobre o Pentateuco)

Essa série de comentários sobre Gênesis, Êxodo, Levítico, Números e Deuteronômio é uma das obras mais conhecidas de Mackintosh. Nela, ele oferece uma interpretação tipológica das Escrituras, onde muitos dos eventos e figuras do Antigo Testamento são vistos como prefigurações de verdades espirituais reveladas no Novo Testamento. Sua abordagem dispensacionalista é evidente ao longo da obra, onde ele trata das diferentes eras da história bíblica como períodos distintos em que Deus se relaciona com a humanidade de formas específicas.[37]

Mackintosh também enfatizou a importância da fé e da obediência à Palavra de Deus, destacando a soberania divina e a

---

e dispensacional, destacando a influência de obras como a de Mackintosh; e ICE, Thomas. Charting the End Times. Eugene: Harvest House Publishers, 2001, que ilustra a escatologia dispensacionalista com base nas interpretações de figuras-chave, incluindo Mackintosh.

36 PENTECOST, J. Dwight. Designed to Be Like Him. Grand Rapids: Kregel Publications, 1966, que aborda a aplicação prática das Escrituras na vida cristã; e TOZER, A. W. The Pursuit of God. Harrisburg: Christian Publications, 1948, um exemplo clássico de como uma exposição clara e devocional pode inspirar a vida espiritual. Além disso, consultar STOTT, John. Between Two Worlds: The Art of Preaching in the Twentieth Century. Grand Rapids: Eerdmans, 1982, que discute a importância de uma pregação acessível e relevante, similar ao estilo de Mackintosh.

37 MACKINTOSH, Charles H. Notes on the Pentateuch. London: G. Morrish, Volume 1, 1880.

responsabilidade humana em suas exposições. Seus comentários continuam sendo utilizados por estudiosos e leitores devocionais por seu estilo acessível e pela clareza com que ele expõe as Escrituras.[38]

A queda do Diabo e o primeiro Éden

Embora Mackintosh não tenha escrito extensivamente sobre temas como a queda de Satanás e o "primeiro Éden" em comparação com figuras como John Nelson Darby ou William Kelly, ele compartilhou das visões dispensacionalistas comuns a esse grupo. Em seus escritos, Mackintosh também afirmava que o estado original da criação era de perfeição e que o Diabo, antes de sua queda, era um ser angelical exaltado que gozava de uma posição de grande honra e responsabilidade. [39]

Assim como outros teólogos dispensacionalistas, ele via a queda do Diabo como um evento cataclísmico que introduziu o pecado e a desordem na criação, levando ao estado caótico descrito em Gênesis 1.2. Embora seus comentários não se aprofundem tanto nesses temas como os escritos de seus contemporâneos, Mackintosh alinhava-se com a interpretação dispensacionalista que via o "primeiro Éden" como uma era de harmonia que foi destruída pela rebelião angelical.[40]

---

[38] Para um estudo recente sobre a soberania divina e a responsabilidade humana, ver: Piper, John. Desiring God: Meditations of a Christian Hedonist. Colorado Springs: Multnomah, 1986, que explora a alegria em obedecer a Deus como uma expressão de fé; e Grudem, Wayne. Teologia Sistemática. Editora Vida Nova, 1999, onde o autor discute a interação entre a soberania de Deus e a responsabilidade humana em um contexto teológico. Além disso, consultar Sproul, R. C. The Holiness of God. Wheaton: Tyndale House Publishers, 1985, que enfatiza a importância da santidade divina e a resposta humana em termos de fé e obediência.

[39] Mackintosh, Charles H. Notes on the Pentateuch. London: G. Morrish, Volume 1, 1880.

[40] Para uma análise mais aprofundada sobre a interpretação dispensacionalista do "primeiro Éden" e a queda, ver: Chaffer, Lewis Sperry. Systematic Theology.

Influência devocional

C. H. Mackintosh é talvez mais lembrado por seu impacto devocional. Seus escritos foram amplamente lidos e usados por cristãos de todas as denominações como fontes de encorajamento espiritual e orientação prática na vida cristã. Sua capacidade de combinar teologia sólida com aplicação prática fez de seus escritos um recurso valioso para aqueles que buscavam uma fé mais profunda e uma compreensão mais clara das Escrituras.[41]

Bibliografia e citações

1. Mackintosh, C. H. *Notes on the Pentateuch.* Loizeaux Brothers, 1880. Essa obra oferece uma exposição devocional e prática dos primeiros cinco livros da Bíblia, com ênfase em tipologia e dispensacionalismo.[42]

Dallas: Dallas Seminary Press, 1947, que oferece uma visão detalhada das diferentes dispensações, incluindo o estado original da criação; e WALVOORD, John F. Satan's Ten Most Believable Lies. Nashville: Thomas Nelson, 1999, que discute a rebelião angelical e suas consequências para a criação. Além disso, consultar ICE, Thomas; DEMY, Timothy. The Truth About the Millennium. Eugene: Harvest House Publishers, 2001, que explora como a teologia dispensacionalista interpreta a era edênica e suas implicações para a escatologia.

[41] Para uma análise sobre o impacto devocional de escritos teológicos, ver: PINK, Arthur W. The Sovereignty of God. Grand Rapids: Baker Book House, 1930, que combina teologia com aplicação prática, similar ao estilo de Mackintosh; e MURRAY, Andrew. Abide in Christ. New York: Fleming H. Revell Company, 1895, um clássico devocional que, como os escritos de Mackintosh, tem sido usado por cristãos de diversas denominações para crescimento espiritual. Além disso, consultar CHAMBERS, Oswald. My Utmost for His Highest. Grand Rapids: Discovery House Publishers, 1927, que também exemplifica a combinação de profundidade teológica com orientação prática na vida cristã.

[42] Ver: RYRIE, Charles C. The Basis of the Premillennial Faith. Grand Rapids: Zondervan, 1953, onde o autor discute como a tipologia é usada para apoiar o dispensacionalismo; e SHOWERS, Renald E. Maranatha: Our Lord, Come! Bellmawr: Friends of Israel Gospel Ministry, 1995, que examina a importância do dispensacionalismo na interpretação bíblica contemporânea, alinhando-se com a abordagem de Mackintosh.

2. Mackintosh, C. H. Miscellaneous Writings. Loizeaux Brothers, várias edições.
   Uma coleção de escritos diversos de Mackintosh, incluindo artigos devocionais e teológicos que refletem sua abordagem pastoral e sua adesão ao dispensacionalismo.[43]
3. Reid, James. *C. H. Mackintosh: A Memoir*. Pickering & Inglis, 1903. Uma biografia que explora a vida e o ministério de C. H. Mackintosh, destacando sua influência no movimento dos Irmãos de Plymouth e seu legado devocional.[44]

O primeiro Éden em F. W. Grant

Frederick William Grant (1834-1902) foi um teólogo e escritor cristão associado ao movimento dos Irmãos de Plymouth, conhecido por seu trabalho na sistematização e interpretação das Escrituras, especialmente no contexto do dispensacionalismo. Grant foi um estudioso dedicado e um dos principais expositores bíblicos de sua época, contribuindo significativamente para a literatura teológica através de suas obras escritas, que se concentraram em uma interpretação literal e tipológica da Bíblia. [45]

---

[43] Para uma compreensão adicional da abordagem pastoral e dispensacionalista, ver também: Champlin, R. N. Enciclopédia de Bíblia, Teologia e Filosofia. São Paulo: Candeia, 2000, onde o autor oferece uma análise detalhada sobre temas bíblicos e teológicos relevantes; e Soares, Esequias. Teologia Sistemática: Uma Perspectiva Pentecostal. Rio de Janeiro: CPAD, 2002, que explora doutrinas fundamentais da fé cristã com uma abordagem sistemática e inclui discussões sobre dispensacionalismo dentro do contexto pentecostal.

[44] Para uma perspectiva complementar sobre o impacto de líderes religiosos e seus legados, ver também: Martins, Wilson. História da Inteligência Brasileira. São Paulo: Editora Cultrix, 2007, onde o autor discute a influência de líderes intelectuais e religiosos no desenvolvimento da cultura brasileira; e SILVA, Severino Pedro da. Teologia da Libertação e Teologia Pentecostal: Diálogo Possível? São Paulo: Fonte Editorial, 2010, que explora a interação entre diferentes correntes teológicas no Brasil, oferecendo um contexto local ao estudo de legados religiosos como o de Mackintosh.

[45] Sobre a interpretação literal e tipológica das Escrituras, ver: Pentecost, J. Dwight. Things to Come: A Study in Biblical Eschatology. Grand Rapids:

Contribuições teológicas de F. W. Grant

O dispensacionalismo e a interpretação das Escrituras

F. W. Grant foi um firme defensor do dispensacionalismo, uma abordagem teológica que vê a história bíblica dividida em diferentes "dispensações" ou períodos, nos quais Deus interage com a humanidade de maneiras distintas. Essa visão teve uma grande influência sobre seu trabalho exegético e teológico. Grant acreditava que a chave para compreender a Bíblia era reconhecer essas dispensações e entender como cada uma delas revelava aspectos diferentes do plano redentor de Deus.

Ele também era conhecido por sua ênfase na interpretação literal das Escrituras, particularmente no que diz respeito às profecias bíblicas e à escatologia. Grant acreditava que uma interpretação literal era crucial para uma compreensão correta das promessas de Deus, especialmente em relação ao futuro de Israel e à Igreja.[46]

Zondervan, 1964, que explora a teologia dispensacionalista com ênfase em uma interpretação literal das profecias bíblicas, especialmente no contexto escatológico. Pentecost argumenta que uma leitura literal das Escrituras é fundamental para a compreensão correta dos planos de Deus para o futuro, incluindo eventos como o arrebatamento da Igreja, a tribulação e o Reino milenar. Além disso, o autor defende que a tipologia bíblica — onde certos eventos, pessoas ou instituições do Antigo Testamento prefiguram realidades futuras — é uma chave interpretativa para entender a continuidade e o cumprimento das promessas divinas ao longo da história redentora. Essa abordagem, característica do dispensacionalismo clássico, tem influenciado profundamente a escatologia protestante, oferecendo uma estrutura clara para a compreensão do futuro profético. Para uma perspectiva complementar, ver também: Walvoord, John F. The Millennial Kingdom. Grand Rapids: Zondervan, 1983, que aborda a interpretação literal no contexto do Reino milenar, e Ryrie, Charles C. Dispensationalism. Chicago: Moody Publishers, 2007, no qual se discute a aplicação da hermenêutica literal na teologia sistemática dispensacionalista.

[46] Grant, na obra The Numerical Bible, expõe a importância de uma leitura literal e detalhada das Escrituras, argumentando que as promessas feitas a Israel devem ser entendidas como específicas e literais, diferenciadas das promessas feitas à Igreja (Grant, Frederick William. The Numerical Bible: Being a Revised

Obras principais

F. W. Grant escreveu extensivamente sobre uma variedade de temas bíblicos e teológicos, com destaque para suas obras que exploram a estrutura e a tipologia das Escrituras. Algumas de suas obras mais conhecidas incluem:

- *The Numerical Bible*: Essa obra é um comentário detalhado da Bíblia que utiliza a numerologia bíblica para interpretar e expor o texto. Grant acreditava que os números na Bíblia tinham um significado espiritual e que eram uma chave para entender as verdades mais profundas das Escrituras. Ele organizou a Bíblia em seções numéricas, que acreditava refletir a ordem divina.[47]
- *The Numerical Structure of Scripture*: Nesse livro, Grant desenvolveu ainda mais suas ideias sobre o significado dos números na Bíblia, argumentando que a estrutura numérica do texto bíblico era uma prova da inspiração divina das Escrituras. Ele viu padrões numéricos recorrentes que, em sua visão, confirmavam a autoria divina e a integridade das Escrituras.

Translation of the Holy Scriptures. New York: Loizeaux Brothers, 1903). Além disso, em The Parables of Our Lord (Grant, Frederick William. The Parables of Our Lord. New York: Loizeaux Brothers, 1902), Grant reforça a necessidade de uma interpretação literal das profecias escatológicas, afirmando que a clareza e precisão na interpretação são essenciais para reconhecer o cumprimento das profecias divinas na história futura.

[47] Para uma análise complementar, ver: Silva, Severino Pedro da. Numerologia Bíblica: A Revelação dos Números nas Escrituras Sagradas. São Paulo: Vida, 2004, no qual o autor explora o significado espiritual dos números na Bíblia e como eles podem ser usados para interpretar o texto sagrado. Além disso, Moraes, Antônio Renato Gusso. O Simbolismo dos Números na Bíblia. Rio de Janeiro: CPAD, 2010, discute como a numerologia é aplicada na exegese bíblica, oferecendo uma perspectiva que se alinha com a abordagem de Grant em The Numerical Bible.

Visão sobre o primeiro Éden e a queda do Diabo

Embora F. W. Grant não tenha focado extensivamente em temas como o "primeiro Éden" ou a queda do Diabo, suas obras refletem a influência das ideias dispensacionalistas que eram comuns entre os teólogos dos Irmãos de Plymouth. Grant acreditava na existência de um estado original perfeito da criação, um "primeiro Éden", onde o Diabo, antes de sua queda, era um ser angelical de alta posição e responsabilidade.

Ele seguia a linha de pensamento que via a queda do Diabo como um evento que introduziu o caos e a desordem no cosmos, resultando no estado descrito em Gênesis 1.2, onde a Terra era "sem forma e vazia". Para Grant, esse evento seria parte do plano maior de Deus, que se desdobraria em várias dispensações, culminando na redenção final e na restauração de todas as coisas.[48]

Influência e legado

Grant foi um dos teólogos mais influentes entre os Irmãos de Plymouth, contribuindo para a consolidação e disseminação do dispensacionalismo como uma corrente teológica significativa dentro do evangelicalismo. Sua obra *The Numerical Bible* teve um impacto duradouro, sendo utilizada por estudiosos e expositores que buscam entender a estrutura interna das Escrituras.

Seu trabalho sobre a numerologia bíblica foi inovador, embora também tenha gerado controvérsia e debate dentro dos círculos

---

[48] Para Grant, esse evento seria parte do plano maior de Deus, que se desdobraria em várias dispensações, culminando na redenção final e na restauração de todas as coisas. Sobre essa interpretação, ver: PFEIFFER, Charles F.; VOS, Howard F.; REA, John. Dicionário Bíblico Wycliffe. São Paulo: CPAD, 2009, p. 460- 461, onde os autores discutem a teoria do intervalo, que inclui a queda do Diabo e sua conexão com Gênesis 1.2. Ver também: SCOFIELD, Cyrus I. Scofield Reference Bible. New York: Oxford University Press, 1917, p. 03, onde se aborda a interpretação dispensacionalista das Escrituras, relacionando a queda do Diabo com a desordem inicial da Terra.

teológicos. Independentemente disso, Grant é lembrado como um exímio estudioso da Bíblia, cuja dedicação ao texto sagrado inspirou gerações de expositores e teólogos.[49]

O primeiro Éden e o Diabo em M. F. Unger

Merrill Frederick Unger (1909-1980) foi um teólogo, arqueólogo, professor e autor evangélico americano, conhecido principalmente por seu trabalho como professor no Seminário Teológico de Dallas e por suas numerosas obras de referência, incluindo dicionários bíblicos, comentários e escritos sobre demonologia e escatologia. Unger fez contribuições significativas para o estudo bíblico, especialmente dentro do contexto do dispensacionalismo e da teologia conservadora.[50]

Contribuições teológicas de M. F. Unger

Teologia e exposição Bíblica

Merrill F. Unger foi um defensor do dispensacionalismo e também um forte proponente da inerrância das Escrituras, e acreditava na interpretação literal da Bíblia, especialmente em relação às profecias e à escatologia.

---

[49] Para uma análise crítica sobre o uso da numerologia na interpretação bíblica, ver: Ryrie, Charles C. A Bíblia Anotada Ryrie. São Paulo: Mundo Cristão, 2007, p. 1647-1649, no qual o autor discute os desafios e limites da numerologia bíblica. Ver também: Stamps, Donald C. Bíblia de Estudo Pentecostal. Rio de Janeiro: CPAD, 1995, p. 1943-1944, que explora as implicações teológicas da numerologia no contexto da interpretação das Escrituras.

[50] Indicamos do autor as obras: Unger, Merrill F. Manual Bíblico Unger. São Paulo: Editora Vida, 2006, p. 37-39. Neste texto, Unger discute a escatologia bíblica e a interpretação literal das profecias. Ver também: Unger, Merrill F. Dicionário de Demonologia Bíblica. São Paulo: Editora Vida, 2010, p. 112- 115, no qual o autor oferece uma visão abrangente sobre o estudo dos demônios no contexto das Escrituras, destacando sua abordagem conservadora e dispensacionalista.

Unger escreveu uma série de livros e comentários que se tornaram recursos importantes para pastores, estudantes e estudiosos da Bíblia. Entre seus trabalhos mais influentes estão:

- *Unger's Bible Dictionary*: Um dos dicionários bíblicos mais amplamente utilizados, conhecido por sua precisão e profundidade, fornecendo uma ampla gama de informações sobre termos, lugares, pessoas e temas bíblicos.[51]
- *Unger's Commentary on the Old Testament*: Um comentário que fornece uma exposição detalhada e literal dos textos do Antigo Testamento, incorporando insights teológicos e históricos.[52]
- *Demons in the World Today*: Um livro que aborda o tema da demonologia a partir de uma perspectiva bíblica, explorando a natureza dos demônios, sua influência no mundo e o poder de Cristo sobre eles.[53]

O primeiro Éden e a queda do Diabo

Embora Merrill Unger não tenha escrito uma obra extensa e dedicada exclusivamente ao "primeiro Éden" e à queda do Diabo, ele discutiu esses temas em seus escritos sobre a Criação, a escatologia e a teologia bíblica.

O primeiro Éden

Unger, como outros teólogos dispensacionalistas, acreditava que Gênesis 1.1 descreve a Criação original dos céus e da terra em um estado de perfeição e harmonia. Esse "primeiro Éden" seria

---

[51] Unger, Merrill F. Dicionário Bíblico Unger. São Paulo: Editora Vida, 2011.

[52] Unger, Merril F. Commentary on the Old Testament. Chattanooga: AMG Publishers, 2002.

[53] Unger, Merrill F. Demons in the World Today. Wheaton: Tyndale House Publishers, 1971.

o estado da criação antes da introdução do pecado e do caos. Segundo essa visão, Deus criou um universo ordenado, refletindo Sua glória e perfeição, e o Diabo, como um ser angelical de alta posição, desempenhava um papel importante dentro dessa ordem.

Para Unger, o estado descrito em Gênesis 1.2:

> [...] descreve a condição da terra quando Deus começou a recriá-la e, especificamente, a separar a luz da escuridão caótica. Ela "era" um caos de desolação, vazio e escuridão. Deus não a criou nesse estado (Jó 38:4,7; cf. Isaías 45:18). Ela foi reduzida a essa condição porque foi o teatro onde o pecado começou no universo originalmente sem pecado de Deus, em conexão com a revolta de Lúcifer (Satanás) e seus anjos (Isaías 14:12-14; Ezequiel 28:13, 15-17; Apocalipse 12:4). O caos foi o resultado do julgamento de Deus sobre a terra originalmente sem pecado. Se Gênesis 1:1-2 descreve a criação original, surge um problema teológico: de onde se originaram Satanás e o pecado (cf. 3:1-15)? Não há espaço nos sete dias para a criação dos anjos, muito menos para a queda angelical que produziu o pecado original e os anjos caídos ou demônios.[54]

O Diabo antes da queda

Unger compartilhou a visão tradicional de que passagens como Isaías 14.12-15 e Ezequiel 28.12-17 seriam descrições simbólicas da queda do Diabo, onde ele é retratado como perfeito em seus caminhos desde o dia em que foi criado (cf. Ezequiel 28.15), até que o orgulho o corrompeu, levando-o a desejar exaltar-se acima

---

[54] Unger, Merril F. Commentary on the Old Testament. Chattanooga: AMG Publishers, 2002, p. 5. Ver também Beck, John. Without Form and Void: The American Desert as Trope and Terrain. Journal of American Studies, v. 45, n. 2, p. 123-145, 2011; Routledge, Robin. Did God Create Chaos? Unresolved Tension in Genesis 1:1-2. Journal of Biblical Literature, v. 132, n. 3, p. 345-367, 2013; Ouro, Roberto. The Earth of Genesis 1:2: Abiotic or Chaotic? Part II. Hebrew Studies, v. 56, p. 89-102, 2015; Chung, Ding-Yu. Genesis Cosmology. International Journal of Science and Theology, v. 10, n. 1, p. 15-30, 2018.

de Deus, sendo "lançado à Terra" por causa disso.[55] Para ele, essa queda foi um evento de grande significado cósmico, que trouxe o pecado ao universo e resultou em um julgamento divino que afetou toda a criação. [56]

Arqueologia bíblica e demonologia

Além de suas contribuições teológicas, Unger também foi um estudioso em arqueologia bíblica, o que influenciou sua abordagem à interpretação das Escrituras. Ele acreditava que as descobertas arqueológicas corroboravam a historicidade dos relatos bíblicos, fortalecendo a fé dos cristãos na veracidade da Bíblia.[57]

Unger também foi um dos primeiros teólogos evangélicos a abordar sistematicamente o tema da demonologia. Em *Demons in the World Today*, ele explorou a presença e a atividade dos

---

[55] Unger, Merril F. Commentary on the Old Testament. Chattanooga: AMG Publishers, 2002, p. 1552.

[56] Isaías 14.12-15 costuma ser visto como uma sátira contra um rei babilônico, ilustrando temas de arrogância e humilhação subsequente, o que serve de consolo para os israelitas exilados. Ezequiel 28.12- 17 se dirige de forma semelhante ao rei de Tiro, usando imagens ricas para transmitir a queda da graça devido ao orgulho, ligando o governante terrestre a uma narrativa cósmica de rebelião contra Deus. Unger observa que, embora essas passagens tenham sido interpretadas como relatos mitológicos da queda de Satanás, elas também se baseiam em motivos culturais predominantes na literatura do antigo Oriente Próximo, sugerindo uma tradição narrativa compartilhada em vez de uma origem mitológica direta. O tema do santuário celestial em Isaías reforça a ideia de julgamento e governo divinos, enquadrando as quedas dos governantes em um conflito cósmico mais amplo. Em contraste, alguns estudiosos argumentam que essas interpretações podem ignorar o significado histórico imediato dos textos, concentrando-se demais nos aspectos mitológicos e suas implicações para a compreensão do pecado e do mal em um contexto teológico mais amplo. Ver: Hodges, Daniel. Beihefte zur Zeitschrift für die alttestamentliche Wissenschaft 527. Bulletin for Biblical research, 2022. doi: 10.5325/bullbiblrese.32.1.0076.

[57] Unger, Merril F. Arqueologia do Velho Testamento. São Paulo: Editora Batista Regular, 2004.

demônios no mundo moderno, oferecendo uma perspectiva bíblica e pastoral sobre como os cristãos deveriam lidar com a realidade do mal espiritual.[58]

Legado de M. F. Unger

Merrill F. Unger deixou um legado significativo através de suas obras de referência, que continuam a ser amplamente usadas por estudiosos, pastores e estudantes de teologia. Sua combinação de erudição bíblica, teologia conservadora e prática pastoral fez dele uma figura influente no evangelicalismo do século XX.

Bibliografia e citações

1. Unger, Merrill F. *Unger's Bible Dictionary*. Moody Press, 1957.

---

[58] A exploração da demonologia por Unger revela ideias bíblicas significativas que refletem a compreensão dos demônios no pensamento cristão primitivo. Ele enfatiza o papel integral que os demônios desempenharam nas reflexões teológicas, particularmente em relação à sua natureza e encarnação. Os demônios eram vistos como entidades físicas e metáforas para realidades sociais e psicológicas, ilustrando uma complexa "ontologia demoníaca" no judaísmo e no cristianismo primitivos. O Novo Testamento apresenta os demônios como personificações do mal, com o Diabo simbolizando uma luta cósmica contra a luz divina, particularmente por meio da figura de Jesus Cristo. Unger situa essas crenças dentro do contexto mais amplo da literatura grega e judaica, destacando como a demonologia evoluiu do Antigo Testamento para a época do Novo Testamento, onde o mal se tornou mais personificado e extraterrestre. Em contraste, algumas interpretações modernas da demonologia podem refletir o escapismo em vez da narrativa bíblica, sugerindo uma mudança na compreensão do mal de uma perspectiva teológica para uma psicológica. Para mais informações, ver: UNGER, Merrill F. Demons in the World Today: A Study of Occultism in the Light of God's Word. Tyndale House Publishers, Ver também Charles H. Kraft. Defeating Dark Angels: Breaking Demonic Oppression in the Believer's Life. Regal Books, 1992. Este livro fornece um contexto adicional sobre o combate à atividade demoníaca no mundo moderno, alinhando-se com as perspectivas de Unger sobre demonologia. Veja ainda: DICKASON, C. Fred. Angels: Elect & Evil. Moody Publishers, 1975, que oferece um estudo aprofundado sobre anjos e demônios, incluindo a abordagem de Unger sobre a realidade do mal espiritual.

Um dicionário bíblico essencial, amplamente utilizado por estudiosos e estudantes da Bíblia devido às suas entradas detalhadas e precisas. [59]

2. Unger, Merrill F. Demons in the World Today. Tyndale House Publishers, 1971.
   Um estudo sobre a realidade dos demônios e o poder de Cristo sobre as forças do mal.
3. Unger, Merrill F. *Unger's Commentary on the Old Testament*. Moody Press, 1981.
   Um comentário que oferece uma exposição literal e conservadora dos textos do Antigo Testamento.
4. Ryrie, Charles C. *Dispensationalism Today*. Moody Press, 1965. Embora escrito por Charles Ryrie, essa obra discute muitas das ideias dispensacionalistas que influenciaram e foram influenciadas por teólogos como Unger.

O Diabo antes da queda

O Diabo, antes de sua queda, é descrito na Bíblia como um ser de grande beleza, sabedoria e honra, criado por Deus para ocupar uma posição exaltada entre os seres angelicais. A descrição do Diabo antes de sua queda é principalmente inferida de duas passagens do Antigo Testamento: Ezequiel 28.12-15 e Isaías 14.12-15.[60] Embora essas passagens sejam dirigidas a reis humanos (o rei de Tiro em Ezequiel e o rei da Babilônia em Isaías), muitos estudiosos cristãos veem nelas uma dupla referência, aplicando-as também ao Diabo, antes de sua queda.

---

[59] Unger, Merrill F. Unger's Bible Dictionary. Chicago: Moody Press, 1957. Em português: Unger, Merrill Frederick. Dicionário bíblico Unger. São Paulo: Sociedade Bíblica do Brasil, 2017.

[60] Scofield, Cyrus I. Scofield Reference Bible. New York: Oxford University Press, 1917, p. 726,871. Unger, Merril F. Commentary on the Old Testament. Chattanooga: AMG Publishers, 2002, p. 1182- 1183, 1552.

Descrição do Diabo antes da queda

Ezequiel 28.12-15

Essa passagem é frequentemente interpretada como uma descrição do Diabo em seu estado original, antes de sua rebelião contra Deus. Embora o texto seja dirigido ao "rei de Tiro",[61] a linguagem usada parece transcender a mera descrição de um monarca humano, sugerindo um ser de maior estatura. Segundo Lamar Eugene Cooper, em seu comentário sobre o livro de Ezequiel, alguns estudiosos veem como pano de fundo dessa passagem:

> O relato da criação em Gênesis sobre a queda da humanidade, ou na suposição de relatos alternativos da queda conhecidos por meio da tradição. Uma variante dessa abordagem, favorecida por vários dos pais da igreja, é entender que, no pano de fundo do lamento, há um relato da queda de Satanás que não é dado nas Escrituras, mas aludido em outros lugares, especialmente em Isaías 14:12-17. Ezequiel teria contado com a familiaridade de seus ouvintes/leitores com tal relato, e eles teriam entendido a comparação entre a queda de Satanás e a queda do rei de Tiro.[62]

Logo após, ele afirma que "a dificuldade do texto torna imprudente insistir em uma interpretação específica, mas a última visão tradicional parece, para o autor presente, explicar melhor a linguagem e a lógica da passagem".[63] Unger, por sua vez, no *Commentary*

[61] Para diferentes perspectivas sobre o texto, ver BLOCK, Daniel I. The Book of Ezekiel 25-48. Grand Rapids: Eerdmans Publishing Company, 1998 (The New International Commentary on the Old Testament), GREENBERG, Moshe. Ezekiel 21-37: a new translation with commentary. New York; Doubleday, 1997 (Anchor Bible), EICHRODT, Walter. Ezekiel: A commentary. Philadelphia: The Westminster Press, 1970, para diferentes perspectivas sobre o texto.

[62] COOPER, Lamar E. Ezekiel. Nashville: Broadman and Holman Publishers, 1994, p.309 (The New American Commentary).

[63] Idem, p.309.

on the Old Testament, elenca 11 razões para considerar que Ezequiel 28 se refere ao Diabo, sendo a primeira delas a de que "Tiro, como a cidade mercantil do mundo, é uma ilustração muito apropriada do sistema mundano satânico".[64]

Versículo 12: "Assim diz o Senhor Deus: Tu eras o selo da perfeição, cheio de sabedoria e perfeito em formosura" (ARC).

O Diabo é descrito como "aquele que sela a perfeição", indicando que ele era o modelo de todas as perfeições criadas, em termos de sabedoria e beleza. A expressão traduz o hebraico חוֹתֵם תָּכְנִית, *ḥôṯêm tōḵnîṯ*, e significa que o Diabo selava a תַּכְנִית, perfeição ou completude[65], representando o padrão supremo da excelência criada.[66] A frase "cheio de sabedoria" traduz מָלֵא חָכְמָה, *mālē' ḥōḵmâ*, onde חָכְמָה (*ḥōḵmâ)* refere-se a uma sabedoria profunda e abrangente, denotando uma capacidade de entendimento e discernimento excepcionais. כְּלִיל יֹפִי (*kəlîl yōp̄î),* é traduzido por "perfeito em formosura", com *yap̄eh* significando beleza ou formosura, enquanto *mālē'* indica um estado de plenitude ou integridade dessa beleza. Essa descrição sublinha que o Diabo foi criado com uma excelência incomparável entre os seres angelicais, refletindo um estado de sabedoria e beleza excepcionais. A transformação de sua natureza de perfeição para corrupção e rebelião destaca a magnitude da mudança e a seriedade de sua queda. Sobre essa expressão, Unger comenta que:

> Tal terminologia é muito inadequada vinda dos lábios do Senhor ao se referir a um homem caído, que no máximo era apenas um

---

[64] UNGER, Merril F. Commentary on the Old Testament. Chattanooga: AMG Publishers, 2002, p. 1552.

[65] KOEHLER, Ludwig; BAUMGARTNER, Walter; RICHARDSON, M. E. J.; STAMM, Johann J. The Hebrew and Aramaic Lexicon of the Old Testament. 2. ed. Leiden: Brill, 1994, p. 1735.

[66] GREENBERG, Moshe. Ezekiel 21-37: a new translation with commentary. New York; Doubleday, 1997 (Anchor Bible), p. 180.

monarca pagão. A expressão, no entanto, está repleta de uma verdade significativa quando aplicada ao maior ser angelical em seu estado original, não caído.[67]

Versículo 13: "Estavas no Éden, jardim de Deus; de toda pedra preciosa era a tua cobertura [...] Feito de ouro era o teu engaste e os teus ornamentos; no dia em que foste criado foram preparados" (ARC).

Aqui, o Diabo é associado ao Éden, o "jardim de Deus", o que pode se referir ao Éden celestial, um símbolo do estado perfeito em que ele foi criado. As pedras preciosas e o ouro simbolizam a glória e a majestade de sua posição. Nesse versículo, encontramos uma descrição simbólica da posição e glória originais do Diabo. A expressão "no Éden, jardim de Deus" (בְּעֵדֶן גַּן־אֱלֹהִים) sugere que o Diabo estava associado a um estado de perfeição e pureza, muitas vezes interpretado como o "Éden celestial". Portanto, "Éden" (עֵדֶן) é compreendido como um lugar de deleite e beleza divinos, representando um estado ideal de criação e comunhão com Deus. A referência às "pedras preciosas" (אֶבֶן־יְקָרָה) e ao "ouro" (זָהָב) em sua "cobertura" e "ornamentos" simboliza a glória e a majestade que caracterizavam o Diabo.[68]

Versículo 14: "Tu eras querubim ungido para proteger, e te estabeleci; no monte santo de Deus estavas, no meio das pedras afogueadas andavas" (ARC).

O Diabo é descrito como um "querubim ungido para proteger" (כְּרוּב מִמְשַׁח הַסּוֹכֵךְ, *kĕrûḇ mimšaḥ hassōwḵêḵ*), indicando sua alta posição e responsabilidade no governo celestial.[69] O termo "querubim"

---

[67] Unger, Merril F. Commentary on the Old Testament. Chattanooga: AMG Publishers, 2002, p. 1552.

[68] Idem, p. 1552.

[69] Idem, p. 1553.

(כְּרוּב, *kĕrûḇ*) refere-se a um tipo de anjo encarregado de guardar e proteger a santidade de Deus, enquanto מִמְשַׁח (*mimšaḥ*) implica uma unção especial para essa função. O "monte santo de Deus" (הַרקֹדֶש אֱלֹהִים, *har qōḏeš 'ĕlōhîm*) simboliza a presença divina e a santidade, sugerindo que o Diabo tinha acesso direto e privilegiado à presença de Deus. Além disso, "no meio das pedras afogueadas" (בְּתוֹךְ אַבְנֵי־אֵשׁ, *bəṯōwḵ 'aḇnê 'êš*) denota um ambiente de esplendor e intensidade divina, sublinhando o papel de Satanás em um contexto de resplendor e majestade celestial. Essa descrição revela que ele ocupava uma posição exaltada e desempenhava um papel crucial na administração e proteção do Reino celestial. Importante citar Unger, que afirmou: "É evidente que nenhum rei de Tiro ou qualquer ser humano caído corresponde à descrição exaltada apresentada nos versículos 12 ao 14".[70]

Versículo 15: "Perfeito eras nos teus caminhos, desde o dia em que foste criado, até que se achou iniquidade em ti" (ARC).

Esse versículo destaca a condição impecável do Diabo em sua criação. Ele foi perfeito até que o pecado, motivado por orgulho e rebelião, foi encontrado nele. A frase "Perfeito eras nos teus caminhos" (תָּמִים אַתָּה בִּדְרָכֶיךָ, *tāmîm 'āttāh biḏrāḵeḵā*) indica que ele era íntegro e irrepreensível em todas as suas ações e comportamentos desde o momento de sua criação. O termo תָּמִים (*tāmîm*) refere-se à total perfeição e integridade. No entanto, a segunda parte do versículo, "até que se achou iniquidade em ti" (עַד נִמְצָא עַוְלָה בָּךְ, *'aḏ nimṣā 'awlāṯāh bāḵ*), refere-se à iniquidade ou pecado, indicando que, apesar da perfeição original, a presença de pecado — impulsionado por orgulho e rebelião — foi encontrada no Diabo. Esse contraste destaca a profundidade de sua queda, passando de um estado de perfeição e pureza para a corrupção e a desobediência.

---

70 Idem, p. 1553.

Isaías 14.12-15

Essa passagem é dirigida ao "rei da Babilônia", mas muitos teólogos veem uma aplicação secundária ao Diabo, devido à linguagem utilizada, que parece descrever uma queda de um ser celestial.

Versículo 12: "Como caíste do céu, ó estrela da manhã, filho da alva! Como foste lançado por terra, tu que debilitavas as nações!" (ARC).

> A palavra "estrela" (em hebraico, הֵילֵל *hêlêl,* que é traduzida na Vulgata Latina como "*Lúcifer*") é provavelmente derivada da raiz semítica הלל, brilhar, e era utilizada para referir-se ao Planeta Vênus ou à lua crescente.[71] Nesse versículo, ela sugere uma figura de grande importância e brilho entre as hostes celestiais, com os seguintes descrevendo a queda do Diabo do céu, associada à sua rebelião contra Deus.

Versículos 13-14: "E tu dizias no teu coração: Eu subirei ao céu, acima das estrelas de Deus exaltarei o meu trono, e no monte da congregação me assentarei, nas extremidades do Norte; subirei acima das mais altas nuvens e serei semelhante ao Altíssimo" (ARC).

> Esses versículos revelam o orgulho e a ambição de Satanás, que desejava exaltar-se acima de Deus e ser "semelhante ao Altíssimo". Esse desejo de usurpar a posição de Deus é visto como a causa de sua queda. Aqui, são revelados os seus sentimentos de orgulho e seu desejo de alcançar a supremacia celestial, aspirando a um status acima das "estrelas de Deus", כּוֹכְבֵי־אֵל *ḵōwḵḇê-'êl,* que podem simbolizar outros seres angelicais ou a ordem celestial. O seu pensamento "exaltar o meu trono" (אָרִים כִּסְּי, *'ārîm kisî*) e se "assentar no monte da congregação" (אֵשֵׁב בְּהַר מוֹעֵד, *'êšêḇ bəhar- mô'êḏ*) reflete essa ambição

---

[71] Brown, Francis; Driver, S. R.; Briggs, Charles A. A Hebrew and English Lexicon of the Old Testament. Oxford: Clarendon Press, 1909, p.237. Koehler, Ludwig; Baumgartner, Walter; Richardson, M. E. J.; Stamm, Johann J. The Hebrew and Aramaic Lexicon of the Old Testament.
2. ed. Leiden: Brill, 1994, p. 245.

de tomar o lugar de liderança e autoridade em um contexto de domínio sobre a congregação celestial.[72] "Subir acima das mais altas nuvens" (אֶעֱלֶה עַל־בָּמֳתֵי עָב, *'e'ĕleh 'al-bāmoṯê 'āḇ*) e "ser semelhante ao Altíssimo" (אֶדַּמֶּה לְעֶלְיוֹן, *'eddammeh lə'elyôn*) revelam seu desejo de igualar-se a Deus, assumindo uma posição de poder absoluto. Essa busca de usurpação e autoexaltação é vista como a causa de sua queda, transformando seu orgulho em sua ruína. Portanto, esses versículos ilustram a transição do Diabo de um ser de alta posição para a queda, devido ao seu desejo de ultrapassar e rivalizar com Deus.

Versículo 15: "E, contudo, levado serás ao Seol, ao mais profundo do abismo" (ARC).

O julgamento do Diabo é descrito como uma descida ao "Seol"[73] (o mundo dos mortos) e ao "abismo", simbolizando a sua derrota e humilhação final.[74]

Como vimos, os textos de Ezequiel 28 e Isaías 14 são vistos como metáforas que descrevem tanto o caráter de reis terrenos quanto a rebelião e queda do Diabo, o anjo que se tornou Satanás. Essas passagens sugerem que o Diabo foi criado em um estado de grande glória e responsabilidade, mas que seu orgulho e desejo

---

[72] UNGER, Merril F. Commentary on the Old Testament. Chattanooga: AMG Publishers, 2002, p. 1182.

[73] O termo šə'ôl, de etimologia incerta, refere-se ao mundo dos mortos ou ao reino dos mortos na tradição hebraica, simbolizando um lugar de perdição e isolamento, conforme KOEHLER, Ludwig; BAUMGARTNER, Walter; RICHARDSON, M. E. J.; STAMM, Johann J. The Hebrew and Aramaic Lexicon of the Old Testament. 2. ed. Leiden: Brill, 1994, p. 1369.

[74] A expressão "mais profundo do abismo" (ʾel-yarkəṯê ḇôr) sugere uma profundidade extrema, indicando a humilhação e a degradação absolutas a que o Diabo será submetido. Esse "abismo" é frequentemente interpretado como uma representação do estado mais baixo e desesperador, contrastando com sua anterior posição de grandeza e poder. Assim, a descrição sublinha a total inversão de sua sorte, passando de um ser exaltado a um estado de derrota e vergonha final, refletindo a justiça divina sobre sua rebelião e orgulho.

de igualdade com Deus o levaram à rebelião e subsequente queda. Sua queda marca a introdução do mal no universo e o início da batalha cósmica entre o bem e o mal, que continua até o final dos tempos, conforme descrito em Apocalipse.

O Éden e a criação

O conceito do "segundo Éden" refere-se ao Jardim do Éden descrito em Gênesis 2 e 3, onde Deus criou o primeiro homem, Adão, e a primeira mulher, Eva. Esse "segundo Éden" é frequentemente visto pelos teólogos como o palco da criação de Deus após a rebelião satânica, marcando um novo início na história da criação após o caos introduzido pela queda do Diabo. O Jardim do Éden é considerado o lugar onde Deus estabeleceu uma nova ordem e uma nova fase no seu plano redentor, com a criação da humanidade como coroamento dessa nova obra criativa.

O segundo Éden e a Criação após a rebelião satânica

A queda do Diabo e o primeiro caos

Para muitos teólogos dispensacionalistas, o "primeiro Éden" foi aquele que existiu antes da rebelião provocada pelo Diabo, que tentou exaltar-se acima do Altíssimo, conforme descrito anteriormente. Como resultado de sua rebelião, Satanás foi expulso do Céu e caiu na Terra, trazendo desordem e caos ao universo criado.

Essa queda é frequentemente vista como a razão para o estado de "sem forma e vazia" da Terra descrito em Gênesis 1.2, onde as trevas cobriam a face do abismo. Os estudiosos que sustentam a "Teoria do Intervalo" acreditam que houve um intervalo de tempo entre Gênesis 1.1 e Gênesis 1.2, durante o qual o julgamento do Diabo ocorreu, resultando na devastação da criação original.[75]

---

[75] Sobre isso, ver CHAPELL, Brian. BRAY, Gerald. Fallen: A Theology of Sin. Crossway, 2013.; RYERSON, J. The Gap Theory: An Examination. Grand Rapids: Zondervan, 2010.

O Jardim do Éden: Um novo começo

Após esse evento catastrófico, segundo essa perspectiva, Deus iniciou uma nova fase em seu plano de criação e redenção. Gênesis 1.3-31 descreve a recriação ou reorganização da Terra, culminando com a criação do homem e da mulher, que foram colocados no Jardim do Éden (cf. Gênesis 2.8).

O Jardim do Éden, o "segundo Éden", é descrito como um lugar de perfeição e beleza, onde Deus providenciou tudo o que Adão e Eva precisavam para viver em comunhão com ele. Esse jardim se tornou o cenário para o relacionamento inicial entre Deus e a humanidade, onde Adão e Eva foram encarregados de cultivar e guardar o jardim (cf. Gênesis 2.15). Em Gênesis 2.8-9, lemos:

> E plantou o Senhor Deus um jardim no Éden, do lado oriental; e pôs ali o homem que tinha formado. E o Senhor Deus fez brotar da terra toda árvore agradável à vista e boa para comida; e a árvore da vida no meio do jardim, e a árvore do conhecimento do bem e do mal.

Essa passagem destaca a provisão divina e a intenção de Deus para que a humanidade vivesse em harmonia com ele, em um ambiente perfeito. A expressão "no Éden" (בְּעֵדֶן, *bᵊʿēḏen*) refere-se a um lugar de deleite e abundância, enquanto "do lado oriental" (מִקֶּדֶם, *miqqeḏem*) indica a localização geográfica. O termo "agradável à vista" (נֶחְמָד לְמַרְאֶה, *neḥmāḏ ləmar'eh*) sugere beleza visual, e "boa para comida" (טוֹב לְמַאֲכָל, *ṭôḇ ləma'ăḵāl*) implica que as árvores eram nutritivas e apropriadas para alimentação. A "árvore da vida" (עֵץ הַחַיִּים, *ʿēṣ hăḥayyîm*) simboliza a imortalidade e a continuidade da vida, enquanto a "árvore do conhecimento do bem e do mal" (עֵץ הַדַּעַת טוֹב וָרָע, *ʿēṣ haddāʿat ṭôḇ wə-rāʿ*) representa a capacidade de discernir moralmente, evidenciando o teste da obediência para o homem. O texto revela um ambiente ideal de pureza e harmonia, com a presença de árvores que não só são esteticamente agradáveis, mas também essenciais para a vida e o desenvolvimento moral do ser humano.[76]

O propósito do segundo Éden

O segundo Éden foi mais do que apenas um lugar físico; ele representava o desejo de Deus de restaurar a ordem e a comunhão quebradas pela rebelião de Satanás. Adão, como o primeiro homem, foi criado à imagem de Deus (cf. Gênesis 1.26-27) e colocado no Éden para cumprir o propósito de Deus na Terra. A missão de Adão incluía refletir a glória de Deus (בְּצַלְמֵנוּ כִּדְמוּתֵנוּ, *bəṣalmênū kiḏmūṯênū*) e dominar sobre toda a criação (וְ יִרְדּוּ בִדְגַת הַיָּם, *wəyirdū bīḏgāṯ hayyām*). Assim, o Éden servia como o cenário onde Adão deveria viver em perfeita harmonia com a vontade de Deus e manifestar a sua imagem e poder através da administração da criação.

> וּבְכָל־הָאָרֶץ וּבְכָל־הָרֶמֶשׂ הָרֹמֵשׂ עַל־הָאָרֶץ
> *(ūḇəḵāl-hā'āreṣ ūḇəḵāl-hāremeś hārōmêś 'al-hā'āreṣ).*

No Éden, Adão e Eva desfrutavam de uma relação harmoniosa com Deus, a criação e entre si. Essa harmonia é refletida na tarefa dada a Adão de "cuidar do jardim" (לְעָבְדָהּ וּלְשָׁמְרָהּ, *lə'āḇəḏāh ūləšāmərāh*), conforme Gênesis 2.15. Segundo o renomado biblista Bruce Waltke, "em outras partes do Pentateuco, essa expressão descreve apenas atividades dos sacerdotes".[77] Portanto, o trabalho de Adão não era penoso, mas sagrado, uma extensão da harmonia e da ordem divina. A palavra "cuidar" implica uma

---

[76] UNGER, Merril F. Commentary on the Old Testament. Chattanooga: AMG Publishers, 2002, p. 12.

[77] WALTKE, Bruce K. Genesis: A commentary. Grand Rapids: Zondervan, 2001, p. 135. Assim, pensa também WALTON, John. The Lost World of Adam and Eve. Downers Grover:InterVarsity Press, 2015, p. 104-115.

responsabilidade de manutenção, cultivo e proteção que respeitava a integridade da criação.[78] A narrativa bíblica sugere que Deus caminhava e falava diretamente com Adão e Eva no Jardim, conforme descrito em Gênesis 3.8: "Ouvindo o homem e sua mulher os passos do Senhor Deus que andava pelo jardim quando soprava a brisa do dia [...]".

וַיִּשְׁמְעוּ אֶת־קוֹל יְהוָה אֱלֹהִים מִתְהַלֵּךְ בַּגָּן לְרוּחַ הַיּוֹם

(wayyišmə'ū 'eṯ-qôl Yahweh 'ĕlōhîm miṯhallêḵ baggān lərūaḥ hayyôm).

"Andar" (הָלַךְ, *halāḵ*) e "falar" (אָמַר, *'amār*) refletem uma comunhão íntima e direta entre o Criador e suas criaturas. Waltke, sobre esse texto, afirma brilhantemente que "o Jardineiro não abandonou seu jardim. A prova do amor é a relutância em abandonar o objeto do amor, mesmo quando o amor falha em alcançar seu objetivo desejado".[79] A intimidade com Deus, na qual não havia barreiras entre o divino e o humano, é uma característica essencial do Éden e representa o objetivo da criação: Um relacionamento de proximidade e plena harmonia entre Deus e a humanidade. Essa comunicação direta simboliza a perfeita unidade e a falta de separação que existia antes da Queda, destacando a condição ideal que Deus havia estabelecido para a criação.

No entanto, o Éden também foi o palco de uma nova tragédia: a queda do homem. Satanás, na forma de uma serpente, (נָחָשׁ, *nāḥāš*),[80] entrou no Jardim e enganou Eva, levando-a à

---

[78] Victor P. Hamilton, em seu comentário, ressalta que a mesma raiz verbal é usada para "usada no capítulo seguinte para descrever os querubins que estão de guarda para impedir o acesso à árvore da vida no jardim" (Gênesis 3.24). HAMILTON, Victor P. The Book of Genesis: 1-17. Grand Rapids: Eeedmans Publishing, 1990, p. 186.

[79] WALTKE, Bruce K. Genesis: A commentary. Grand Rapids: Zondervan, 2001, p. 143.

[80] Observar que, segundo Walton, estudos recentes têm focado a atenção na serpente como uma criatura do caos. Criaturas do caos no mundo antigo eram tipicamente seres compostos que pertenciam à esfera do divino, mas não eram deificados.

desobediência ao comer do fruto da árvore do conhecimento do bem e do mal (עֵץ הַדַּעַת טוֹב וָרָע, *ʿēṣ haddāʿat ṭôḇ wā-rāʿ*) conforme descrito em Gênesis 3. Esse ato de desobediência, conforme registrado, trouxe o pecado (חַטָּאת, *ḥaṭṭāʾṯ*) e a morte (מָוֶת, *māweṯ*) ao mundo e rompeu a comunhão entre Deus (אֱלֹהִים, *ĕlōhîm*) e a humanidade, resultando na expulsão de Adão e Eva do Jardim do Éden (גַּן־עֵדֶן, *gān-ʿēḏen*). Essa ruptura simboliza a perda da harmonia e da perfeição originais e marca o início da condição caída da humanidade.

Está escrito em Gênesis 3.23-24:

> O Senhor Deus, por isso, o lançou fora do jardim do Éden, a fim de lavrar a terra de que fora tomado. E, havendo lançado fora o homem, pôs querubins ao oriente do jardim do Éden, e uma espada inflamada que andava ao redor, para guardar o caminho da árvore da vida. (ARC)

A expulsão de Adão e Eva simboliza a perda do estado original de bênção e a introdução de um novo período de sofrimento e morte na história humana.[81] A presença dos querubins e da espada inflamada representa a impossibilidade de retornar à comunhão

---

Suas características compostas lhes conferiam uma combinação de atributos. No mundo antigo, não eram consideradas malignas. Elas são amorais, mas podem ser travessas ou destrutivas. Elas causam problemas se não forem controladas, mas podem ser domesticadas e se tornar associadas dos deuses [...] Que *nāḥāš* também pode designar uma criatura do caos é evidente pelo seu uso em Isaías 27.1, onde descreve Leviatã. Tal entendimento é finalmente confirmado no Apocalipse de João, em que a serpente, agora Satanás, é descrita como um grande dragão (Ap 12.9) — a criatura do caos por excelência. Portanto, podemos concluir que a serpente em Gênesis 3 é uma criatura do caos, com base em seu papel na história e em outros contextos de apoio. WALTON, John. The Lost World of Adam and Eve. Downers Grover: InterVarsity Press, 2015, p. 132-133.

[81] UNGER, Merril F. Commentary on the Old Testament. Chattanooga: AMG Publishers, 2002, p. 12. HAMILTON, Victor P. The Book of Genesis: 1-17. Grand Rapids: Eeedmans Publishing, 1990, p. 223.

direta com Deus e o acesso restrito à árvore da vida, que simboliza a continuidade da vida eterna.[82] Esse ato de expulsão marca a transição da humanidade de um estado de perfeita harmonia para uma condição de alienação e dificuldade, e, segundo a *Scofield Reference Bible*, esse novo estágio da história seria a Dispensação da consciência, na qual:

> Pela desobediência, o homem adquiriu um conhecimento pessoal e experimental do bem e do mal — do bem como obediência, do mal como desobediência à vontade conhecida de Deus. Através desse conhecimento, a consciência despertou. Expulso do Éden e colocado sob a segunda [dispensação], ou Pacto Adâmico, o homem era responsável por fazer todo o bem conhecido, abster-se de todo o mal conhecido e se aproximar de Deus por meio do sacrifício. O resultado desse segundo teste do homem é declarado em Gênesis 6:5, e a dispensação terminou no julgamento do Dilúvio. Aparentemente, "o oriente do jardim" (v. 24), onde estavam os querubins e a chama, permaneceu o lugar de adoração durante essa segunda dispensação.[83]

O significado teológico do segundo Éden

Teologicamente, o segundo Éden é visto como o lugar onde o plano de redenção de Deus começa a ser revelado. Embora o pecado tenha entrado no mundo através da desobediência de Adão e Eva, o Éden é também onde Deus promete a redenção futura. Em Gênesis 3.15, Deus declara a primeira promessa messiânica, anunciando que a "semente da mulher" esmagaria a cabeça

---

[82] Sobre os querubins guardando a entrada do Éden: "Assim como o querubim angelical em Ezequiel 28.14, cuja tarefa possivelmente é bloquear a ascensão ao trono supremo (cf. Isaías 14.13), esses seres flamejantes têm o papel de impedir que os pecadores busquem a imortalidade." WALTKE, Bruce K. Genesis: A commentary. Grand Rapids: Zondervan, 2001, p.147.

[83] SCOFIELD, Cyrus I. Scofield Reference Bible. New York: Oxford University Press, 1917, p.10.

da serpente, que prefigurava a vitória de Cristo sobre Satanás e o pecado.[84]

Gênesis 3.15 diz: "E porei inimizade entre ti e a mulher, e entre a tua semente e a sua semente; esta te ferirá a cabeça, e tu lhe ferirás o calcanhar" (ARC). Esse versículo é conhecido como o "Protoevangelho", a primeira promessa de um Redentor que restauraria a humanidade ao seu relacionamento correto com Deus.[85] Como vimos, a narrativa bíblica sugere que Deus caminhava e falava diretamente com Adão e Eva no Jardim, indicando uma comunhão íntima e direta entre o Criador e as suas criaturas (cf. Gênesis 3.8), e esse elo é perdido pelo pecado do homem.

A queda e a ruptura da Criação

A desobediência de Adão e Eva ao comerem do fruto proibido trouxe uma ruptura na ordem original da criação. Esse ato de rebelião introduziu o pecado e a morte no mundo, quebrando a harmonia que existia no Éden:

> E ao homem declarou: 'Visto que você deu ouvidos à sua mulher e comeu do fruto da árvore da qual eu lhe ordenara que não comesse, maldita é a terra por sua causa; com sofrimento você se alimentará dela todos os dias da sua vida. Ela lhe dará espinhos e ervas daninhas, e você terá que alimentar-se das plantas do campo. Com o suor do seu rosto você comerá o seu pão, até que volte

[84] O complexo do Éden, conforme explorado por Drob, sugere que a expulsão do Éden simboliza temas psicológicos mais profundos de autonomia e desenvolvimento moral, influenciando as transformações individuais e sociais. Esse complexo pode ser visto como uma lente para entender a condição humana e o desejo de redenção. Ver: DROB, Sanford L. The Eden Complex: Transgression and Transformation in the Bible, Freud and Jung, 2023, doi: 10.32388/6v7acv

[85] UNGER, Merril F. Commentary on the Old Testament. Chattanooga: AMG Publishers, 2002, p. 19. SCOFIELD, Cyrus I. Scofield Reference Bible. New York: Oxford University Press, 1917, p. 9.

> à terra, visto que dela foi tirado; porque você é pó, e ao pó voltará.' (Gênesis 3.17-19, ARC)

A maldição da terra representa a desordem introduzida na criação, onde a terra, que antes produzia abundantemente e sem esforço, agora produz espinhos e ervas daninhas. [86]

A Bíblia promete a restauração final da criação, onde a harmonia e a comunhão do Éden serão plenamente restauradas. Essa visão é especialmente clara no livro de Apocalipse:

> Então vi um novo céu e uma nova terra, pois o primeiro céu e a primeira terra tinham passado; e o mar já não existia. Vi a Cidade Santa, a nova Jerusalém, que descia dos céus, da parte de Deus, preparada como uma noiva adornada para o seu marido. Ouvi uma forte voz que vinha do trono e dizia: 'Agora o tabernáculo de Deus está com os homens, com os quais ele viverá. Eles serão os seus povos; o próprio Deus estará com eles e será o seu Deus. Ele enxugará dos seus olhos toda lágrima. Não haverá mais morte, nem tristeza, nem choro, nem dor, pois a antiga ordem já passou. (Apocalipse 21.1-4, ARA)

Nessa nova criação, a presença de Deus será permanente e a harmonia original será restaurada. A imagem da árvore da vida aponta para a redenção, que reaparece na visão do Apocalipse, simbolizando a restauração da vida eterna e da cura para as nações:

> Então o anjo me mostrou o rio da água da vida, que, claro como cristal, fluía do trono de Deus e do Cordeiro, no meio da rua principal da cidade. De cada lado do rio estava a árvore da vida, que frutifica doze vezes por ano, uma por mês. As folhas da árvore servem para a cura das nações. (Apocalipse 22.1-2)

---

[86] WENHAM, Gordon. Genesis 1-15. Grand Rapids: Zondervan, 1987, p. 228. WALTKE, Bruce K. Genesis: A commentary. Grand Rapids: Zondervan, 2001, p. 145.

A relação entre o Éden e a criação é fundamental para a teologia bíblica. O Éden representa o estado original de harmonia e perfeição que Deus pretendia para a humanidade e a criação. A queda trouxe a desordem e a separação, mas a narrativa bíblica está repleta de promessas de redenção e restauração, culminando na visão de um novo céu e uma nova terra, onde a comunhão plena com Deus será restaurada e a criação será renovada.[87] Richard Bauckham comenta que:

> A Nova Jerusalém inclui o paraíso na forma da água da vida (22:1-2; cf. 7:17; 21:6; 22:1; 22:17) e da árvore da vida (22:2; cf. 2:7; 22:14, 19). Ambos têm múltiplas fontes no Antigo Testamento, que o próprio João combinou (cf. para a água da vida: Isaías 49:10; 55:1; Ezequiel 47:1-12; Zacarias 14:8; e para a árvore da vida: Gênesis 2:9; 3:24; Ezequiel 47:12). Juntos, eles representam o alimento e a bebida da vida escatológica·[88]

O Éden e a queda

A relação entre o Éden e a queda é central para a narrativa bíblica, pois o que aconteceu no Jardim representa a introdução do pecado e da morte no mundo, rompendo a harmonia original da criação.

---

[87] A relação entre o Éden e a criação é central para a teologia bíblica, pois o Éden simboliza o estado original de harmonia e perfeição que Deus planejou para a humanidade e toda a criação. Segundo WALTON, J. H. Genesis: The NIV Application Commentary. Grand Rapids: Zondervan, 2001, p. 147-149), o Éden é visto como um protótipo do santuário, onde a presença de Deus era diretamente acessível. BEALE, G. K. The Temple and the Church's Mission: A Biblical Theology of the Dwelling Place of God. Downers Grove: InterVarsity Press, 2004, p. 74-76 ressalta que a queda de Adão e Eva trouxe desordem e separação, mas as Escrituras estão repletas de promessas de redenção e restauração. WENHAM, G. J. Genesis 1-15. Word Biblical Commentary, Vol. 1. Waco: Word Books, 1987, p. 62-63 destaca que a narrativa bíblica culmina na visão de um novo céu e uma nova terra, onde a comunhão plena com Deus será finalmente restaurada e a criação renovada, conforme descrito em Apocalipse 21-22.

[88] BAUCKHAM, Richard. Theology of the Book of Revelation. New York:Cambridge: Cambridge University Press, 1997, p. 133.

Esse evento tem consequências profundas e duradouras para a humanidade e toda a criação. Vamos explorar essa relação com detalhes e exemplos bíblicos.

Antes da queda, Adão e Eva viviam em um estado de inocência e harmonia no Jardim do Éden. Eles desfrutavam de uma comunhão direta e íntima com Deus, e a criação refletia a perfeição e a bondade de Deus. A Bíblia afirma que o homem e sua mulher viviam nus, e não sentiam vergonha (cf. Gênesis 2.25), indicando a pureza e a ausência de pecado no Éden.[89] A nudez desprovida de vergonha simboliza a total transparência e a confiança entre Adão, Eva e Deus. Deus deu a Adão e Eva liberdade no Éden, mas também estabeleceu um limite para testar sua obediência. Eles foram proibidos de comer da árvore do conhecimento do bem e do mal: "E o Senhor Deus ordenou a Adão, dizendo: De toda árvore do jardim comerás livremente, mas da árvore do conhecimento do bem e do mal, dela não comerás, porque no dia em que dela comer, certamente morrerás" (Gênesis 2.16-17).

A proibição serve como um teste de confiança e obediência a Deus, ressaltando a liberdade humana dentro dos limites estabelecidos por Deus. Waltke considera que:

> Esta proibição única (cf. 1:29) confronta os humanos com a autoridade do Criador. A árvore é boa, mas pertence exclusivamente a Deus. O pecado consiste em um alcance ilícito da incredulidade, uma afirmação da autonomia humana de conhecer a moralidade à parte de Deus. A criatura deve viver pela fé na palavra de Deus, não por uma suposta autossuficiência de conhecimento.[90]

---

[89] Segundo o autor, "em sua inocência infantil, eles ainda não conheciam nem o bem nem o mal. Sua simplicidade ingênua contrastava com a astúcia enganosa de Satanás, a serpente tentadora. Isso é enfatizado por uma paronomásia ('um jogo de palavras'). O homem estava 'nu' ('arôm). A serpente era 'astuta' ('arûm)." UNGER, Merril F. Commentary on the Old Testament. Chattanooga: AMG Publishers, 2002, p. 15.

[90] WALTKE, Bruce K. Genesis: A commentary. Grand Rapids: Zondervan, 2001, p.135.

A serpente, que representa Satanás, tentou Eva a desobedecer a ordem evidente dada por Deus, questionando a veracidade da palavra divina e sugerindo que comer do fruto proibido lhes daria conhecimento e os tornaria como Deus (cf. Gênesis 3.1-5). Unger, em seu *Commentary on the Old Testament*, considera que:

O tentador também usou a arte da sedução, abrindo seu ataque de maneira astuta. Gradualmente, da forma mais habilidosa, ele insinuou a dúvida de que Eva poderia ter entendido mal o mandamento divino. A tradução de William Gesenius reflete de forma mais estrita o original: "É verdade que Deus disse: 'Vocês não devem comer de nenhuma árvore no jardim'?"(*Gesenius's Hebrew and Chaldee Lexicon to the Old Testament Scriptures*). Em outras palavras: "É impossível que um Ser tão bom e gentil tenha restringido vocês dessa forma. Vocês devem ter entendido errado".[91]

O fato é que a Serpente apresentou uma versão falsa da ordem de Deus para Adão.[92] Eva, convencida pela serpente, comeu do fruto e o deu também a Adão, que também o comeu. Esse ato de desobediência marcou a queda da humanidade.[93] Imediatamente após

---

[91] UNGER, Merril F. Commentary on the Old Testament. Chattanooga: AMG Publishers, 2002, p. 15.

[92] WALTKE, Bruce K. Genesis: A commentary. Grand Rapids: Zondervan, 2001, p.140. HAMILTON, V. P. The Book of Genesis, Chapters 1-17. Grand Rapids: Eerdmans, 1990, p. 204. WENHAM, G. J. Genesis 1-15. Word Biblical Commentary, Vol. 1. Waco: Word Books, 1987, p. 214.

[93] A serpente, que representa Satanás, tentou Eva a desobedecer à clara ordem dada por Deus, questionando a veracidade da palavra divina e insinuando que comer do fruto proibido lhes concederia conhecimento e os tornaria como Deus (cf. Gênesis 3.1-5). Eva, convencida pela serpente, come do fruto e dá também a Adão, que igualmente come. Esse ato de desobediência marca a queda da humanidade, introduzindo o pecado e a morte no mundo, conforme destacado por HAMILTON, V. P. The Book of Genesis, Chapters 1-17. Grand Rapids: Eerdmans, 1990, p. 189-191 SARNA, N. M. Genesis: The Traditional Hebrew Text with the New JPS Translation. Philadelphia: Jewish Publication Society, 1989, p. 25-28), também observa que a ação da serpente simboliza a astúcia do mal em desafiar a autoridade de Deus, levando à quebra da ordem criada.

comerem do fruto, Adão e Eva perceberam sua nudez e sentiram vergonha.[94] Para Unger, isso era o sinal de que a dispensação da inocência terminava e se iniciava a da consciência.[95] A vergonha e a tentativa de se cobrir representam a ruptura na relação com Deus e a introdução da culpa e da consciência do pecado. As consequências da queda são as seguintes: Maldições e expulsão, seguidos de promessa e redenção.

Maldições e julgamentos

Deus pronuncia maldições sobre a serpente, Eva e Adão. A serpente é condenada a rastejar-se e a ser inimiga da mulher e de sua descendência. Eva passaria a sofrer dores intensas no parto e seria subordinada a seu marido. Por outro lado, Adão encontraria dificuldade e sofrimento no trabalho, e a terra passaria a produzir espinhos e ervas daninhas (cf. Gênesis 3.14-19).[96]

---

[94] "Em vez de conhecer o bem e o mal, o casal agora sabe que está nu. Esse conhecimento está longe do que eles esperavam. O que antes era entendido como um sinal de um relacionamento saudável entre o homem e a mulher (2:25) agora se tornou algo desagradável e carregado de vergonha." HAMILTON, V. P. The Book of Genesis, Chapters 1-17. Grand Rapids: Eerdmans, 1990, p. 206.

[95] UNGER, Merril F. Commentary on the Old Testament. Chattanooga:: AMG Publishers, 2002, p. 16.

[96] A serpente, símbolo de Satanás, é condenada a rastejar sobre o ventre e a ser inimiga da mulher e de sua descendência, prefigurando a batalha contínua entre o bem e o mal, culminando na vitória prometida da "semente da mulher" (Gênesis 3.15). Eva é sentenciada a experimentar intensas dores no parto (ʿiṣṣəḇônēḵ), um reflexo da desordem introduzida pelo pecado, e a ser subordinada a seu marido, indicando uma distorção das relações humanas que antes eram harmoniosas. Adão, como responsável pelo sustento da família, é amaldiçoado a encontrar dificuldade e sofrimento no trabalho (ʿiṣṣāḇôn), e a terra, antes produtiva, agora produzirá espinhos e ervas daninhas, simbolizando a resistência da criação à influência humana. Essas maldições não apenas marcam o rompimento da harmonia original, mas também estabelecem as novas condições da vida humana pós-queda, onde a luta, a dor e a alienação passam a caracterizar a existência humana, até o eventual retorno ao pó da terra (Gênesis 3.19).

A expulsão do Éden

Como resultado da queda, Adão e Eva foram expulsos do Jardim do Éden para evitar que comessem da árvore da vida e vivessem eternamente em um estado de pecado (cf. Gênesis 3.22- 24). Esse acontecimento representa uma separação definitiva entre a humanidade e Deus, simbolizando a perda do estado original de bênção e comunhão que existia no Éden. O ato de banimento, acompanhado pela presença de querubins e uma espada flamejante para guardar o caminho da árvore da vida, enfatiza a impossibilidade de retorno ao paraíso perdido sem a intervenção divina. O Éden, que uma vez fora o lugar de íntima comunhão com Deus, agora se torna inacessível, marcando a ruptura profunda entre o Criador e a criação. Esse evento estabelece o cenário para a narrativa redentora das Escrituras, onde a restauração dessa comunhão perdida se torna o foco central da história bíblica.

A promessa do terceiro Éden: A redenção

Mesmo ao pronunciar as maldições, Deus dá a primeira promessa de redenção. A inimizade entre a descendência da mulher e a serpente sugere a futura vitória sobre o mal através do descendente da mulher: "Porei inimizade entre você e a mulher, entre a sua descendência e o descendente dela; este lhe ferirá a cabeça, e você lhe ferirá o calcanhar" (Gênesis 3.15, ARA).

Essa passagem é frequentemente interpretada como uma profecia da vitória final de Cristo sobre Satanás.[97] A promessa de redenção é cumprida em Jesus Cristo, que veio para restaurar o relacionamento quebrado entre Deus e a humanidade e inaugurar uma nova criação. Assim afirma Paulo em Romanos 5.18-19:

---

[97] Mesmo ao pronunciar as maldições, Deus oferece a primeira promessa de redenção em Gênesis 3.15, conhecida como protoevangelium ou "primeiro evangelho", conforme UNGER, Merril F. Commentary on the Old Testament. Chattanooga:: AMG Publishers, 2002, p 19.

> Consequentemente, assim como uma só transgressão resultou na condenação de todos os homens, assim também um só ato de justiça resultou na justificação que traz vida a todos os homens. Pois da mesma forma como pela desobediência de um só homem muitos foram feitos pecadores, assim também por meio da obediência de um único homem muitos serão feitos justos. (NVI)

Essa nova condição torna, conforme 2Coríntios 5.17, aquele que é transformado e redimido em Jesus uma nova criação, pois "as coisas antigas já passaram; eis que surgiram coisas novas". A redenção em Cristo é vista como a reversão da queda e a promessa de um futuro em que a comunhão com Deus será plenamente restaurada.[98]

A relação entre o Éden e a redenção é central na narrativa bíblica, pois a redenção representa a restauração da harmonia e da comunhão quebradas pela queda no Éden. A história bíblica segue uma trajetória desde a criação perfeita no Éden, passando pela queda e chegando até a redenção e a promessa de uma nova criação, onde Deus e a humanidade serão reunidos em perfeita comunhão novamente. Vamos explorar essa relação com detalhes e exemplos bíblicos.[99]

---

[98] SCHMITT, Flávio. O novo em Paulo. Estudos Bíblicos, vol. 32, n. 126, p. 135-147, 2015.

[99] SAILHAMER, John H.; KAISER JR., Walter, et al. Genesis, Exodus, Leviticus, Numbers. In: The expositors Bible commentary. Vol. 2. Grand Rapids: Zondervan, 1990, p. 57. Ao longo das Escrituras, vemos Deus trabalhando para restaurar o que foi perdido no Éden. Por exemplo, a promessa de uma terra prometida para Abraão e seus descendentes (cf. Gênesis 12.1-3) é uma antecipação da restauração da criação. Da mesma forma, o tabernáculo e, posteriormente, o templo são vistos como lugares onde a presença de Deus habita entre o Seu povo, ecoando a comunhão que existia no Éden. Finalmente, o Novo Testamento aponta para a consumação dessa redenção em Cristo, que é descrita em termos de uma "nova criação" (cf. 2Coríntios 5.17; Apocalipse 21.1-4). Em Apocalipse, a visão de um "novo céu e nova terra" onde "Deus habitará com os homens" (cf. Apocalipse 21.3) é a restauração da comunhão original

Como foi visto, a desobediência de Adão e Eva ao comerem do fruto proibido trouxe o pecado, a morte e a separação de Deus, corrompendo a criação perfeita do Éden. Mas a redenção prometida no Éden foi cumprida em Jesus Cristo, cuja morte e ressurreição reconciliam a humanidade com Deus e inauguram a nova criação. Paulo afirma em Colossenses: "Pois foi do agrado de Deus que nele habitasse toda a plenitude, e por meio dele reconciliasse consigo todas as coisas, tanto as que estão na terra quanto as que estão nos céus, estabelecendo a paz pelo seu sangue derramado na cruz" (Colossenses 1.19,20, NVI).

Ao considerar essas perspectivas, podemos aprofundar nossa apreciação do Éden como um componente vital da história bíblica e da esperança cristã. No que segue, veremos as perspectivas dos três Édens em autores fundamentais da teologia cristã.[100]

Os três Édens na história do pensamento cristão

A trajetória da reflexão cristã sobre os três Édens começa de forma mais enfática em Santo Agostinho, autor muito importante para a história do pensamento cristão. As suas reflexões em *A Cidade de Deus* abordam a natureza do mal e a queda do Diabo. Agostinho interpreta o Éden não apenas como um lugar físico, mas como

---

perdida no Éden. Essa nova criação é descrita como um lugar onde não haverá mais dor, morte ou maldição (cf. Apocalipse 22.3), simbolizando o retorno ao estado de perfeição e harmonia que existia no Éden, mas agora cumprido e eternamente garantido em Cristo.

[100] O primeiro Éden, descrito em Gênesis, representa a criação original, onde Deus estabeleceu a humanidade em um estado de perfeição e comunhão direta. Esse estado foi rompido pela queda, mas o conceito de um segundo Éden emerge nas promessas e visões proféticas de restauração ao longo das Escrituras, particularmente no contexto da vinda do Messias, que inaugura a redenção e a nova criação. Teólogos como Agostinho e Tomás de Aquino ofereceram insights sobre o Éden original e sua relação com a queda e a redenção, enquanto autores contemporâneos, como C. S. Lewis e N. T. Wright, exploraram o terceiro Éden na escatologia cristã, onde a nova criação culmina na restauração plena da comunhão com Deus.

um estado de graça e harmonia que foi corrompido pela rebelião angélica e pelo pecado humano. Sua análise teológica aprofunda a compreensão da transição do Diabo de um ser de luz para Satanás, o adversário. Agostinho argumenta que o paraíso foi criado por Deus como um lugar de suprema felicidade. Ele foi perdido não apenas pela desobediência de Adão e Eva, mas também pela rebelião dos anjos liderados pelo Diabo.[101] Essa queda angélica simboliza a corrupção do bem supremo e a transformação de um ser exaltado em Satanás, o inimigo de Deus e da humanidade. A narrativa do Éden e a queda do Diabo nos lembram da fragilidade da graça e da necessidade constante de buscar a retidão e a comunhão com Deus. O mal não tem substância própria, mas é a perversão do bem criado por Deus.[102]

Agostinho dedica uma análise meticulosa à queda do homem, enfatizando a desobediência de Adão e Eva e suas consequências catastróficas para toda a criação. O teólogo de Hipona descreve-a com uma profundidade teológica que destaca a gravidade do pecado original. Assim, pela desobediência de um só homem, o pecado entrou no mundo e, com o pecado, a morte. O pecado de Adão e Eva não foi apenas um ato de desobediência, mas uma rejeição da ordem divina e da comunhão com Deus. Essa transgressão trouxe uma profunda corrupção à natureza humana e uma desordem à criação. O Éden, antes um lugar de paz e justiça, tornou-se um símbolo da perda e da tragédia humana. A queda nos lembra da fragilidade da nossa condição e da necessidade de redenção. Segundo o bispo de Hipona:

> Deus, autor das naturezas, não dos vícios, criou o homem reto; mas, depravado por sua própria vontade e justamente condenado,

---

[101] Oropeza, B. J., 99 Answers to Questions about Angels, Demons & Spiritual Warfare. Downers Grove, IL: InterVarsity Press,1997, p. 55.

[102] Agostinho, A Cidade de Deus: Parte II. Petrópolis: Vozes, 2017 14.10.

> gerou seres desordenados e condenados. Estivemos todos naquele um quando fomos todos aquele um, que caiu em pecado pela mulher, dele feita antes do pecado. Ainda não fora criada e difundida nossa forma individual, forma que cada qual havíamos de ter, mas já existia a natureza germinal, de que havíamos de descender todos. Desta, viciada pelo pecado, ligada pelo vínculo da morte e justamente condenada, o homem, nascendo do homem, não nasceria doutra condição. Por isso, do mau emprego do livre-arbítrio originou-se verdadeira série de desventuras, que de princípio viciado, como se corrompido na raiz o gênero humano, arrastaria todos, em concatenação de misérias, ao abismo da morte segunda, que não tem fim, se a graça de Deus não livrasse alguns.[103]

A queda humana demanda, segundo Agostinho, uma restauração final na Cidade Celestial. Na sua visão escatológica, a restauração final não é apenas um retorno ao Éden original, mas uma consumação gloriosa na Cidade Celestial, a qual ele vê como o cumprimento do plano redentor de Deus, onde a justiça, a paz e a comunhão plena com Deus serão eternamente restauradas. Ele argumenta que, através de Cristo, a humanidade pode esperar uma nova criação, onde o mal será erradicado e a harmonia divina será plenamente restaurada.[104]

Essa discussão sobre o Éden original recebeu, de Wayne Grudem, em sua *Teologia Sistemática*, uma análise detalhada. Para ele, a bondade e a perfeição da criação de Deus fizeram do Éden um lugar de beleza e harmonia, um reflexo da bondade inerente de Deus e da intenção divina para a humanidade, um lugar onde a presença de Yahweh era tangível e onde Adão e Eva viviam em completa harmonia com Deus e com a criação. Esse estado de inocência e felicidade é uma representação do plano original de Deus para a humanidade, um plano caracterizado por paz, justiça e comunhão

---

[103] AGOSTINHO, A Cidade de Deus: Parte II. Petrópolis: Vozes, 2017 13.14.

[104] AGOSTINHO, A Cidade de Deus: Parte II. Petrópolis: Vozes, 2017 22.30.

direta com o Criador. Sobre o Diabo, Grudem começa seu capítulo sobre demonologia observando que Satanás e os demônios eram, anteriormente, bons anjos, mas que pecaram e perderam o privilégio de servir a Deus, decaindo dessa condição de comunhão com Deus.[105]

O plano de Deus na criação envolveu uma decisão em relação aos seres humanos, que mostra o conselho divino se relacionando ao Éden. A primeira decisão foi a criação do ser humano para habitar o Éden:

> Façamos o homem à nossa imagem, conforme a nossa semelhança; tenha ele domínio sobre os peixes do mar, sobre as aves dos céus, sobre os animais domésticos, sobre toda a terra e sobre todos os répteis que rastejam pela terra. Criou Deus, pois, o homem à sua imagem, à imagem de Deus o criou; homem e mulher os criou. (Gênesis 1.26,27)

A segunda decisão foi relacionada ao castigo dado aos seres humanos:

> Então, disse o Senhor Deus: Eis que o homem se tornou como um de nós, conhecedor do bem e do mal; assim, que não estenda a mão, e tome também da árvore da vida, e coma, e viva eternamente. O Senhor Deus, por isso, o lançou fora do jardim do Éden, a fim de lavrar a terra de que fora tomado. (Gênesis 3.22,23)

Nos textos acima, há uma decisão seguida de uma ação. Porém, o uso do pronome pessoal plural "nós", do adjetivo possessivo plural "nossa" e dos verbos plurais "façamos" e "desçamos" indica que Deus é referido no plural. Calvino, sobre Gênesis 1.26, afirma:

> Sabendo-se que o Senhor não carece de nenhum outro conselheiro, não resta dúvida que tenha consultado a si mesmo. [Alguns escritores

---

[105] GRUDEM, Wayne. Teologia Sistemática. Editora Vida Nova, 1999, p. 412.

> judeus], porém, são ridículos ao máximo ao suporem que Deus entabulou diálogo com a Terra ou os anjos. É óbvio que a Terra seria uma excelentíssima conselheira! Mas atribuir a menor parcela de uma obra tão excelente aos anjos é sacrilégio abominável. Onde será mesmo que eles descobriram que fomos criados à imagem da Terra ou de anjos? [...] Outros, que se consideram mais perspicazes (mas são duas vezes mais ignorantes), sustentam que Deus fazia referência a si mesmo no plural, conforme o hábito dos dignatários — como se esse estilo bárbaro de expressão, posto em uso há uns poucos séculos, predominasse desde então no mundo! [...] Os cristãos, no entanto, defendem acertadamente o testemunho de que há em Deus uma multiplicidade de pessoas.[106]

Logo, a teologia desenvolvida em torno do Éden reconhece a queda do homem, indicando o Éden, palco da criação, também como o cenário da desobediência de Adão e Eva, que trouxe o pecado e a morte ao mundo. Calvino demonstra como a gravidade da rebelião contra Deus e suas consequências foram devastadoras para toda a criação.[107] Grudem enfatiza a importância do livre-arbítrio e como a escolha de Adão e Eva de desobedecer a Deus resultou na corrupção da natureza humana e na alienação da humanidade em relação a Deus. De igual modo, Hamer sustenta que a analogia marital pode estar em vista (a relação de Deus com

---

[106] Calvino, João. "Comentário de Gênesis 1.26", apud Thompson, John L. (Org.). Comentário bíblico da Reforma: Gênesis 1—11. São Paulo: Cultura Cristã, 2015, p. 102.

[107] "Assim como Adão, em sua criação primitiva, recebeu tanto para sua progênie quanto para si mesmo os dons da divina graça [divinae gratiae dotes], também, ao rebelar-se contra o Senhor, inerentemente corrompeu, viciou, depravou e arruinou nossa natureza – tendo perdido a imagem de Deus [abdicatus a Dei similitudine], e a única semente que poderia ter produzido era aquela que traz a semelhança consigo mesmo [sui simile]". Calvino, João. Romanos (Série Comentários Bíblicos). São José dos Campos: Editora Fiel, 2013, p. 143-144.

seu povo) para retratar a expulsão permanente de Adão do Éden como resultado da separação de Deus para com ele.[108]

O terceiro Éden aponta para a restauração final, que, segundo Grudem, está presente no Apocalipse, onde ele vê a consumação do plano redentor de Deus. Ele argumenta que a visão de um novo céu e uma nova terra em Apocalipse 21-22 representa a restauração do Éden e a erradicação final do mal. O renomado teólogo também destaca que essa visão oferece esperança e certeza da vitória final de Deus sobre o pecado e a morte.[109]

N.T. Wright, em suas obras *Surprised by Hope* e *The New Testament and the People of God*, oferece uma análise abrangente do Éden original. Ele descreve o Jardim como o cenário inicial da intenção criativa de Deus, onde Adão e Eva viviam em harmonia com Deus, entre si e com a criação. Wright enfatiza que o Éden era um lugar de beleza e ordem e refletia a bondade e a intenção de Deus para o mundo. Ele escreve:

> A Terra Prometida era, é claro, não apenas um símbolo: era a fonte de pão e vinho, o lugar para pastorear ovelhas e cabras, cultivar azeitonas e figos. Era o lugar onde, e o meio pelo qual, YHWH dava ao seu povo da aliança as bênçãos que ele havia prometido, todas resumidas na palavra polissêmica e evocativa shalom, paz. Era o novo Éden, o jardim de YHWH, o lar da verdadeira humanidade.[110]

Esse primeiro Éden, perfeito, sofre a queda – e, com ela, impõe-se a necessidade de redenção. Wright sugere que a terra prometida não é apenas um símbolo, mas também um meio concreto

---

[108] HAMER, Mark. The Eden Narrative: A Literary and Theological Study of Genesis 2-3. Cambridge University Press, 2011, p. 89-90.

[109] GRUDEM, Wayne. Teologia Sistemática: Atual e Exaustiva. Edições Vida Nova, 1999, p. 1275.

[110] WRIGHT, N. T. The New Testament and the People of God. Fortress Press, 1992, p. 226.

pelo qual YHWH abençoa seu povo. Ele conecta a Terra Prometida ao conceito de *shalom*, uma paz que transcende o mero estado de não-guerra, abrangendo a plenitude, a prosperidade e a harmonia da criação. Para Wright, essa terra representa o novo Éden, um espaço onde a humanidade pode experimentar seu verdadeiro propósito humano e viver em comunhão com Deus. Isso reflete a teologia de Wright sobre a restauração da criação, na qual a terra prometida é vista como uma antecipação do futuro cumprimento da nova criação em Cristo.[111] Ele reconhece a queda desse primeiro Éden, o que deu origem a um segundo, precário, que carece de reconstrução:

> Os profetas que preveem a restauração de Jerusalém e a reconstrução do templo veem nesse evento o refazer do Jardim do Éden; Ezequiel imagina rios fluindo para irrigar e curar o restante do mundo, Sofonias imagina as nações olhando com admiração enquanto YHWH restaura a sorte do seu povo, e Zacarias (que imita a ideia de Ezequiel sobre os rios) vê a restauração de Jerusalém como o sinal de que YHWH se tornaria rei sobre todo o mundo, para que as nações venham a Jerusalém para celebrar as festividades judaicas.[112]

Wright, ao mencionar os profetas que falam da restauração de Jerusalém, conecta a narrativa profética ao conceito de renovação cósmica. Ezequiel, Sofonias e Zacarias são apresentados como figuras que vislumbram a renovação de Jerusalém como uma nova criação, um novo Éden. Essa visão se alinha com a crença de Wright na esperança escatológica, onde o destino de Israel e da criação se entrelaçam. A restauração de Jerusalém não é apenas um evento local, mas é entendida como um evento de significado cósmico, com implicações para toda

---

[111] Wright, N. T. Surpreendido pelas Escrituras. Viçosa: Ultimato, 2015, p. 98.

[112] Wright, N. T. The New Testament and the People of God. Fortress Press, 1992, p. 264.

a criação. Essa restauração culmina na fundação do terceiro Éden, apocalíptico.

Ainda segundo Wright, "Israel acreditava que o Deus que escolheu habitar na colina chamada Sião era ninguém menos que o criador do universo, e que a terra santa foi destinada a ser o novo Éden".[113] Essa visão é central para sua teologia, cuja uma das principais teses é a de que o monoteísmo bíblico não é meramente uma crença abstrata, mas está profundamente enraizado na história e na geografia. O conceito de monoteísmo criacional sustenta que Deus, como Criador, está comprometido com a restauração de sua criação, o que se manifesta na história de Israel e culmina na nova criação através de Cristo.

Ao discutir a linguagem mítica usada pelos profetas, Wright enfatiza que essa não deve ser entendida como fantasia ou alegoria, mas como uma expressão poética da realidade mais profunda da ação de Deus na história:

> É por isso que alguns dos profetas usaram uma linguagem mítica maravilhosa para descrever o que aconteceria: leões e cordeiros deitados juntos, árvores dando frutos todos os meses, Jerusalém se tornando como um novo Éden. Isso também era simplesmente a concretização, em símbolo poético, da crença básica de que o criador do universo era o deus de Israel, e vice-versa. Quando ele agisse, haveria uma grande celebração. Toda a criação, em princípio, participaria.[114]

Trata-se de uma antecipação do futuro escatológico, onde toda a criação participa da celebração da renovação final operada por Deus.

Finalmente, ao tratar do problema do mal e da arte, o teólogo pesquisador da Universidade de Oxford alerta contra a tentação de idealizar o mundo como se ainda estivéssemos no Jardim do Éden.

---

113 Idem, p. 283.

114 Idem, p. 332.

Ele reconhece a realidade da queda e a presença do mal no mundo, o que impede qualquer tentativa de adoração panteísta da criação. Wright sempre enfatizou que, embora o mundo seja bom, ele está danificado pelo pecado, e a restauração completa só será possível através da ação redentora de Deus em Cristo. Ele afirma:

> Mas não vivemos no Jardim do Éden, e a arte que tenta fazê-lo rapidamente se torna fraca e trivial. (A igreja não tem o monopólio do kitsch ou do sentimentalismo, mas se você quiser encontrá-los, a igreja pode bem ser o lugar mais fácil para começar.) Vivemos em um mundo caído, e qualquer tentativa de se conectar a algum tipo de panteísmo, adorando a criação como se ela própria fosse divina, sempre se depara com o problema do mal.[115]

Assim, para Wright, o Éden, conforme descrito nas primeiras páginas das Escrituras, não é apenas um jardim, mas um microcosmo do mundo como Deus pretendia que fosse. Esse jardim era o lugar onde a presença de Deus se manifestava plenamente, e onde os seres humanos viviam em perfeita harmonia com a criação. A beleza e a ordem do Éden refletem a criação de Deus e o seu desejo de estar em comunhão direta com a humanidade.[116]

Outro autor que aborda os três Édens é David Cook. Para o autor, há etapas no plano redentor de Deus, argumentando que cada Éden representa um estágio distinto na narrativa da criação, queda e redenção, culminando na visão escatológica do Apocalipse.

Cook descreve o Éden original como o ponto de partida do plano redentor de Deus, onde Adão e Eva viviam em perfeita harmonia com Deus e a criação. Esse Éden é visto como a expressão da intenção original de Deus para a humanidade, um estado

---

[115] Wright, N. T. Surprised by Hope: Rethinking Heaven, the Resurrection, and the Mission of the Church. HarperOne, 2008, p. 223).

[116] Wright, N. T. The New Testament and the People of God. Fortress Press, 1992, p. 285.

de perfeição e comunhão divina. Segundo o autor, o Jardim do Éden, conforme descrito em Gênesis, não era apenas um lugar físico, mas uma representação da comunhão perfeita entre Deus e a humanidade. Adão e Eva, criados à imagem de Deus, desfrutavam de uma harmonia ininterrupta com o Criador, refletindo a bondade e a intenção original de Deus para toda a criação. Esse estado de perfeição e beleza era o plano ideal de Deus antes da entrada do pecado.[117]

Cook afirma que a bondade da criação era inerente, mas a queda foi um momento crucial de ruptura que introduziu o pecado e a desordem no mundo, um evento que transformou radicalmente a relação entre Deus e a humanidade, resultando em uma alienação profunda da presença de Deus. Esse acontecimento cataclísmico rompeu a harmonia original do Éden. Esse ato de rebelião de Adão e Eva marcou o início da luta cósmica entre o bem e o mal, estabelecendo a necessidade de um plano redentor para restaurar a criação à sua intenção original.[118]

A restauração, segundo Cook, ocorre na consumação do plano redentor de Deus através da restauração final do Éden. Apocalipse 21-22 representa a vitória definitiva de Cristo sobre o mal e a plena realização da comunhão divina. A visão de um novo céu e uma nova terra em Apocalipse é a culminação do plano redentor de Deus. Essa renovação final não é apenas um retorno ao Éden original, mas uma transformação gloriosa onde a criação será completamente restaurada e redimida. A vitória de Cristo sobre o mal e a restauração da harmonia divina oferecem uma esperança vibrante aos cristãos, assegurando-lhes que, apesar das tribulações presentes, a vitória final de Deus é certa e gloriosa.[119]

---

117 COOK, William R. The Gospel and the Kingdom: A Biblical Understanding of the Restoration of All Things. Baker Academic, 2012, p. 45.

118 Idem, p. 67.

119 Idem, p. 120.

O Diabo, uma das figuras mais complexas e debatidas na tradição cristã, desempenha um papel fundamental na narrativa dos três Édens ao longo da história do pensamento teológico. Para C.S. Lewis, em *Cartas de um Diabo a seu Aprendiz* e *O Grande Divórcio*, o Éden (no caso, o primeiro) é a perfeição original, onde a humanidade vivia em íntima comunhão com Deus, sem a influência do mal. Ele ilustra a beleza e a pureza do Éden através das palavras do demônio Screwtape, que reconhece a perfeição da criação divina. Lewis escreve:

> Aquele jardim encantador, onde Adão e Eva, sem qualquer mancha de pecado, caminhavam lado a lado com Deus, era o cenário perfeito do plano inicial do Inimigo [Deus]. Tudo ali era um reflexo de Sua bondade e amor, uma realidade que nossos esforços visam distorcer e destruir. Naquela harmonia primordial, havia uma paz que nós, demônios, temos como missão obliterar.[120]

Lewis explora as consequências da queda e a separação entre a humanidade e Deus. A queda é retratada como uma escolha de afastamento da verdade e da bondade divinas, resultando em um estado de miséria e alienação:

> Existem dois erros iguais e opostos nos quais nossa raça pode cair em relação aos demônios. Um é não acreditar em sua existência. O outro é acreditar e sentir um interesse excessivo e insalubre por eles. Eles mesmos se agradam igualmente de ambos os erros e saúdam tanto um materialista quanto um mago com o mesmo prazer.[121]

O destino da humanidade e da história humana e universal está, para Lewis, nas escolhas individuais e na resposta ao amor de Deus. Para o autor inglês, no final, a escolha é nossa, pois podemos

---

[120] Lewis, C. S. The Screwtape Letters. New York: HarperCollins, 2001, p. ix.

[121] Idem, p. 35.

persistir na escuridão e na rebelião ou abraçar o amor de Deus, que é constante e abre a porta da redenção.[122]

Desde as análises pioneiras de Santo Agostinho até as interpretações teológicas contemporâneas, o Diabo é visto como a presença angelical que habita e influencia esses três Édens, simbolizando tanto a glória inicial da criação quanto a tragédia da queda e a promessa de restauração final.

O primeiro Éden: A Criação

No primeiro Éden, descrito em Gênesis 2-3, o Diabo é retratado como um ser de luz, criado em perfeita harmonia com Deus e com a criação. Agostinho, em sua obra *A Cidade de Deus*, argumenta que o Diabo foi originalmente criado como um anjo de luz, destinado a refletir a glória de Deus. No entanto, sua rebelião contra o Criador resultou em sua queda e transformação em Satanás, o adversário. Agostinho destaca que "o paraíso foi criado por Deus como um lugar de suprema felicidade" e que essa harmonia foi destruída pela "rebelião dos anjos liderados pelo Diabo".[123] Essa queda angelical é paralela à queda de Adão e Eva, onde o Éden, originalmente um lugar de paz e justiça, torna-se um símbolo da perda e da tragédia humana.

Além disso, a narrativa de Ezequiel 28.12-17, frequentemente interpretada como uma referência à queda do Diabo, descreve a corrupção de um ser que estava no Éden, jardim de Deus (cf. Ezequiel 28.13), ressaltando a transição de um estado de perfeição para um de corrupção e desordem. Essa interpretação, adotada por diversos teólogos, sugere que o Diabo não apenas habitou o Éden, mas também desempenhou um papel crucial na introdução do mal na criação.

---

[122] Idem, p. 119.

[123] Agostinho, A Cidade de Deus: Parte II. Petrópolis: Vozes, 2017 14.10.

O segundo Éden: A queda do Diabo

O Éden da queda se refere ao Jardim do Éden, onde Adão e Eva foram colocados após a criação. É o local onde ocorreu a tentação e o primeiro pecado da humanidade. O relato em Gênesis 3 descreve Satanás na forma de uma serpente, enganando Eva para desobedecer ao mandamento de Deus e comer do fruto da árvore do conhecimento do bem e do mal. Essa ação marcou a entrada do pecado no mundo.

O "segundo Éden" é assim chamado porque representa uma mudança crucial na história da criação. É nesse lugar que ocorre a queda tanto da humanidade quanto a aparente manifestação da rebelião de Satanás contra Deus. Embora a queda de Satanás tenha acontecido em um tempo anterior à criação humana, é no jardim plantado por Deus que ele efetua sua primeira ação de rebelião contra a obra do Criador na Terra, ao corromper Adão e Eva.

A tradição bíblica e teológica sobre a queda de Satanás aponta para sua origem como um ser angelical de alto status, possivelmente um querubim, que se rebelou contra Deus.[124] A passagem de Isaías 14.12-15, embora seja uma referência primária ao rei da Babilônia, como já foi visto, também é frequentemente interpretada como um eco da queda de Satanás:

> "Como caíste do céu, ó estrela da manhã, filha da alva! Como foste lançado por terra, tu que debilitavas as nações! E tu dizias no teu coração: Eu subirei ao céu, acima das estrelas de Deus exaltarei o meu trono, e no monte da congregação me assentarei, nas extremidades do norte." (Isaías 14.12-13)

Da mesma forma, Ezequiel 28.12-17, ao descrever o rei de Tiro, é muitas vezes lido como uma alegoria para a queda de Satanás.

---

[124] UNGER, Merril F. Commentary on the Old Testament. Chattanooga: AMG Publishers, 2002. SCOFIELD, Cyrus I. Scofield Reference Bible. New York: Oxford University Press, 1917.

Ele é descrito como um ser perfeito e cheio de sabedoria que, devido à sua arrogância e desejo de ser igual a Deus, foi expulso:

> Perfeito eras nos teus caminhos desde o dia em que foste criado, até que se achou iniquidade em ti. [...] Subiste o teu coração por causa da tua formosura, corrompeste a tua sabedoria por causa do teu resplendor; por terra te lancei, diante dos reis te pus, para que olhem para ti. (Ezequiel 28.15,17)

No contexto do segundo Éden, Satanás, já em estado de rebelião, é quem leva a humanidade a compartilhar de sua queda espiritual. A serpente no Éden representa Satanás como aquele que deseja expandir sua rebelião ao induzir Adão e Eva à desobediência e, assim, trazer o caos e a separação entre Deus e a criação.

No Éden da queda, a tentação central foi a promessa de que o homem e a mulher poderiam "ser como Deus" (cf. Gênesis 3.5),[125] refletindo o próprio desejo de Satanás de ser como o Altíssimo. Essa rebelião em duas esferas — a queda dos anjos e a queda do homem — marca um momento decisivo na narrativa bíblica, onde o pecado entra no mundo, criando uma ruptura tanto no céu quanto na terra.

Sendo assim, o Éden da queda não é apenas o lugar da transgressão humana, mas também o cenário de um conflito cósmico mais profundo, em que Satanás continua sua rebelião contra Deus, agora envolvendo a humanidade.

O terceiro Éden: A restauração de Jerusalém

O conceito do Éden também está intimamente ligado à restauração de Jerusalém e à reconstrução do templo, eventos que,

---

[125] Unger, Merril F. Commentary on the Old Testament. Chattanooga: AMG Publishers, 2002, p. 16. Calvino, João. Gênesis (Série Comentários Bíblicos). São Paulo: Clire, 2018, p.92. Waltke, Bruce. Genesis: A commentary. Grand Rapids: Zondervan, 2001, p.142. Hamilton, Victor P. Genesis 1-17 (New International Commentary on the Old Testament). Grand Rapids: Eerdmans, 1990, p. 205.

na teologia bíblica, simbolizam a renovação da criação após a queda. N.T. Wright, em *The New Testament and the People of God*, argumenta que os profetas, como Ezequiel e Zacarias, enxergam a restauração de Jerusalém como um novo começo, uma reconstituição do Jardim do Éden. Wright afirma que "os profetas que preveem a restauração de Jerusalém e a reconstrução do templo veem nesse evento o refazer do Jardim do Éden".[126]

Nessa perspectiva, a presença do Diabo continua a ser relevante, agora como adversário dos planos de Deus. A renovação da aliança e a promessa de um novo Éden apontam para a luta contínua entre o bem e o mal, com Satanás desempenhando o papel de opositor à restauração divina. Esse Éden restaurado é visto como um símbolo da esperança escatológica, onde a presença divina será plenamente restaurada e onde a criação será renovada.

O terceiro Éden: A nova criação e a derrota final do Diabo

O terceiro Éden, conforme descrito nas visões apocalípticas do Novo Testamento, especialmente em Apocalipse 21-22, representa a consumação final do plano redentor de Deus. Wayne Grudem, em sua *Teologia Sistemática*, interpreta a visão de um novo céu e uma nova terra como a restauração final do Éden original, onde a criação será completamente redimida e a presença do mal será erradicada.[127] Essa visão escatológica é essencial para a compreensão da narrativa bíblica como um todo, onde a criação, a queda e a redenção estão interligadas.

Nesse contexto, o querubim caído, agora plenamente identificado como Satanás, será finalmente derrotado. Apocalipse 20.10 descreve o destino final de Satanás: "O diabo, que os tinha enganado, foi lançado no lago de fogo e enxofre, onde já se encontram

---

[126] WRIGHT, N. T. The New Testament and the People of God. Fortress Press, 1992, p. 264.

[127] GRUDEM, Wayne. Teologia Sistemática. Editora Vida Nova, 1999, p. 204.

a besta e o falso profeta; e serão atormentados de dia e de noite, para todo o sempre".[128] Sua derrota marca o fim da oposição ao plano divino e o início de um novo Éden, onde não haverá mais maldição (cf. Apocalipse 22.3) e onde a presença de Deus será plenamente manifestada entre o seu povo.

A análise dos três Édens à luz da figura do Diabo revela uma narrativa complexa e interligada de criação, queda e redenção. Satanás, como a presença angelical que transita por esses três Édens, simboliza a tensão entre o bem e o mal, a luz e as trevas, e a constante batalha espiritual que define a história da humanidade.

A partir do próximo capítulo, exploraremos com maior profundidade a personalidade e as características do Diabo. Analisaremos sua transição de anjo de luz para adversário, seus atributos e como ele influencia a narrativa bíblica e teológica. Isso nos permitirá compreender melhor a natureza do mal e a importância da redenção na narrativa cristã, sempre à luz das Escrituras e da tradição teológica.

---

128 GORMAN, Michael. Reading Revelation Responsibly. Eugene: Cascade Books, 2011, p. 160.

CAPÍTULO 2

O DIABO – DE ANJO DE LUZ A ADVERSÁRIO

NESTE CAPÍTULO, NÓS nos aprofundaremos em uma questão que tem gerado debates intensos e reflexões profundas ao longo da história: O Diabo realmente existe? Para muitos, ele é mais do que um símbolo; é uma entidade real que exerce uma influência tangível no mundo. À medida que avançarmos, exploraremos as diversas dimensões dessa figura enigmática, analisando suas características, seu impacto e a maneira como ele é retratado nas Escrituras e na teologia cristã.

Começamos nossa jornada com uma reflexão inspirada nas palavras de Martinho Lutero, que descreve Satanás como uma força implacável, sempre em ação. Ele não tira férias, nunca descansa e, usando de grande astúcia e muitos planos, trabalha até conseguir entrar. Essa perspectiva nos prepara para entender o Diabo não como uma mera abstração, mas como uma presença constante e ativa na realidade espiritual e moral.

Nos tópicos seguintes, abordaremos várias questões centrais para entender a existência e a influência do Diabo:

- A realidade do Diabo: Neste primeiro tópico, discutiremos a presença do Diabo nas Escrituras, apresentando evidências de sua existência como um ser real e não apenas um conceito simbólico. Analisaremos como ele é mencionado tanto no Antigo quanto no Novo Testamento e como sua existência é fundamental para a narrativa bíblica.

- A manifestação do Diabo no mundo: Exploraremos as maneiras pelas quais o Diabo se manifesta na história humana e no cotidiano. Discutiremos a visão teológica que o descreve como um ser que interage diretamente com o mundo, tentando, enganando e corrompendo-o.
- A personificação do mal: Mergulharemos na discussão filosófica e teológica sobre o Diabo como a personificação do mal. Para isso, consideraremos as reflexões de teólogos como Santo Agostinho, que via o mal como uma ausência de bem, e contrastaremos essa visão com a ideia de Satanás como uma entidade ativa, capaz de influenciar profundamente a humanidade.
- A batalha espiritual: Por fim, examinaremos a luta contínua entre o bem e o mal, com o Diabo como uma figura central nesse conflito. Abordaremos como ele opera para desviar as pessoas de Deus e como a Bíblia nos instrui a nos proteger contra suas investidas.

Este capítulo não apenas se apresentará uma análise detalhada da figura do Diabo, mas também preparará o leitor para uma compreensão mais profunda da luta espiritual em que todos estamos envolvidos. À medida que avançarmos pelos tópicos, veremos como a realidade de Satanás é uma parte integrante da narrativa bíblica e como ela influencia nossa compreensão do mal e do conflito espiritual. Estar ciente de sua existência e de suas táticas é fundamental para fortalecer nossa fé e resistência no caminho da verdade.

O Diabo existe?

> O Diabo não tira férias; nunca descansa. Se é golpeado, levanta-se novamente. Se não pode entrar pela frente, entra por trás. Se não pode entrar por trás, passa pelo teto ou cava um túnel sob o umbral.

> Ele trabalha até conseguir entrar. Usa grande astúcia e muitos planos. Quando um falha, tem outro à mão e continua em seus esforços até vencer.[1]

Um teólogo cansado e perplexo, após anos de estudo intensivo, refletiu sobre a complexidade do mal no mundo. Durante uma de suas leituras, encontrou-se com a obra de Santo Agostinho, que abordava a natureza do mal e a realidade da luta espiritual. Agostinho, em suas *Confissões*, descreve o mal como a ausência de bem, um desvio da ordem criada por Deus[2]. No entanto, o teólogo questionava: Se o mal é apenas uma privação do bem, como explicar sua força e presença tão avassaladora em nossa realidade?

O fato é que Agostinho, em *A Cidade de Deus*, assevera que a salvação e a felicidade são possíveis:

> A felicidade segue o mesmo caminho que a salvação, o da esperança. E como a salvação não a temos já, nós esperamos a futura, assim se passa com a felicidade [...] A salvação da outra vida será, por conseguinte, a felicidade final. E os filósofos, que não querem crer porque não veem, forjam a seu talante, fundados em virtude tanto mais enganosa quanto mais soberba, o fantasma da felicidade terrena.[3]

O teólogo refletiu sobre essa citação e percebeu que a luta contra o mal, contra o Diabo, é uma batalha contínua e real, travada tanto no âmbito espiritual quanto no moral e intelectual. É, porém, na soberba do homem que o mal encontra uma fraqueza humana que o faz prosperar.

---

[1] Luther, Martin. Table Talk (em alemão: Tischreden). Trad. Theodore G. Tappert. Fortress Press, 1955.

[2] "E procurando o que era a iniquidade, compreendi que ela não é uma substância existente em si, mas a perversão da vontade, que ao afastar-se do Ser supremo, que és Tu, ó Deus, se volta para as criaturas inferiores". Agostinho. Confissões. São Paulo: Paulus, 1984, VII.16, p. 191.

[3] Agostinho. A Cidade de Deus: Parte II. Petrópolis: Vozes, 2017, 19.4.

É intrigante pensar que algumas pessoas questionem a realidade do Diabo.[4] Se o Diabo não é real, então outro alguém com seu poder está nos atacando continuamente. Como podemos explicar a extensão do mal no mundo de outra maneira? Não nos enganemos: o Diabo é real. Pode ser que raramente seja reconhecido e que sua existência seja frequentemente negada, mas ele é real. A Bíblia está cheia de referências a um inimigo específico, e a Palavra de Deus é nossa única fonte confiável de informações sobre Satanás, os demônios e a guerra espiritual.

A revelação bíblica confirma a existência de um ser maligno chamado Satanás. A Bíblia refere-se a ele por diversos nomes e títulos. Ele é mencionado em sete dos trinta e nove livros do Antigo Testamento: Gênesis, 1Crônicas, Jó (12 vezes), Salmos, Isaías, Ezequiel e Zacarias. O trecho mais detalhado sobre o Diabo no Antigo Testamento é Jó 1–2, possivelmente o texto inspirado mais antigo, caso a hipótese de Jó ter sido o primeiro livro da Bíblia a ser escrito seja verdadeira.[5] Nessa passagem, Satanás se apresenta diante de Deus com os outros anjos e fala diretamente com Ele.[6]

Gênesis também apresenta o Diabo como um ser real. C. Fred Dickason analisa as evidências contidas apenas em Gênesis e Jó para sustentar a existência do Diabo, indicando que o Antigo Testamento assume sua existência, assim como o faz com a existência de Deus. Nenhum dos dois é formalmente provado,

---

[4] Para diferentes perspectivas sobre Satanás nos textos bíblicos, ver HEISER, Michael J. Demons: What the Bible Really Says about the Powers of Darkness. Bellingham: Lexham Press, 2020. STOKES, Ryan E. The Satan : how God's executioner became the enemy. Grand Rapids: Eerdmans, 2019.

[5] ARCHER JR., Gleason. A Survey of Old Testament Introduction. Chicago: Moody Press, 1994, p. 612. O autor elenca argumentos para a autoria pré-mosaica do Livro de Jó.

[6] UNGER, Merril F. Commentary on the Old Testament. Chattanooga: AMG Publishers, 2002, p. 680.

mas ambos são apresentados como axiomas essenciais para o desenvolvimento das narrativas.[7]

Toda a trama do livro de Gênesis depende da realidade de Satanás operando através da serpente para causar a queda da humanidade no pecado. Os eventos da Criação e da Queda estabelecem as bases para a batalha entre o bem e o mal ao longo da Bíblia e da história, bem como para todo o plano redentor de Deus, centrado no Deus-homem que vence o Diabo. Por sua vez, toda a história da tragédia e do triunfo de Jó se baseia nos primeiros dois capítulos, que apresentam a "aposta" entre Deus e o Diabo acerca da fidelidade do patriarca. Dessa forma, concluímos que há alguns livros no Antigo Testamento que fariam pouco sentido histórico e exegético sem a realidade da existência e influência do Diabo como pessoa.

Voltando ao Novo Testamento, todos os escritores do Novo Testamento reconhecem a existência do Diabo, embora nem todos os livros o mencionem. O Diabo é mencionado em 19 dos 27 livros do Novo Testamento, incluindo 29 vezes nos Evangelhos – sendo 25 dessas menções vindas diretamente dos lábios de Cristo.

Está claro nas páginas das Escrituras, desde Gênesis até Apocalipse, que o Diabo existe. No entanto, uma de suas táticas mais sutis, porém poderosas, é convencer as pessoas de que ele não existe. Deus deseja, acima de tudo, ser plenamente crido e adorado, mas Satanás, o mestre do engano, trabalha melhor quando é subestimado, ignorado ou negado. Deus é o Grande 'EU SOU'. Satanás é o grande 'eu não sou' – e nunca está mais satisfeito do que quando convence as pessoas de que não existe.[8] O Diabo adora

---

[7] DICKASON, C. Fred. Angels: Elect and Evil. Moody Publishers, 1995, p. 75.

[8] A resposta de Deus para Moisés em Êxodo 3.14 ('ehyeh 'ăšer 'ehyeh), "Eu Sou o que sou" ou "Eu Serei o que eu serei", serve para enfatizar a autossuficiência e a eternidade de Deus, que é o Ser absoluto e imutável que não depende de

minimizar sua própria existência para que possa realizar seus feitos sem ser percebido, sem obstáculos ou controle. Aqueles que não acreditam em sua existência estão, de fato, jogando seu jogo.

As Escrituras nos informam que o Diabo é um ser real, não apenas uma força impessoal, como a gravidade ou a eletricidade. Ele não é um poder sombrio nebuloso, mas um demônio malvado. Nas Escrituras, Satanás possui traços essenciais da personalidade: intelecto, emoção e vontade.[9]

O Diabo intriga, maquina e engana (cf. 2Coríntios 2.11; 1Pedro 5.8,9; Apocalipse 20.3). Ele conhecia as forças de Jó (cf. Jó 1.6-12; 2.1-7) e as fraquezas de Pedro (cf. Lucas 22.31). Demonstra emoções como orgulho (cf. Isaías 14.12-14; 1Timóteo 3.6) e ira (cf. Apocalipse 12.12). Ele pode se comunicar com outros (cf. Zacarias 3.1,2),[10] inclusive com Jesus (cf. Lucas 4.1-12), o que reforça a ideia de que ele possui personalidade. Ao longo das Escrituras, os pronomes pessoais são repetidamente usados para se referir ao Diabo, que está decidido a fazer tudo ao seu alcance para destruir e derrotar Deus e Seu povo.

---

nada nem de ninguém para existir, e é também um jogo de palavras com o nome de Deus, YHWH. Esse título reflete a plenitude e a totalidade da existência divina. Em contraste, a expressão "eu não sou" atribuída a Satanás destaca a natureza ilusória e negativa de sua influência. Satanás, como descrito em 1Pedro 5.8 e João 8.44, como um ser que engana, mente e tenta desviar os homens da verdade de Deus. Ele não tem uma existência ou uma identidade que seja autossuficiente, mas é caracterizado pela negação da verdade e pela tentativa de obscurecer a realidade divina. A ideia de que Satanás "não é" pode ser vista como uma alusão ao seu papel como o grande acusador e destruidor, cujo propósito é fazer com que as pessoas duvidem da verdade e da bondade de Deus.

[9] Dickason, C. Fred. Angels: Elect and Evil. Moody Publishers, 1995, p. 53-77; LEWIS, C. S. The Screwtape Letters. HarperOne, 2001, p. 20-25.

[10] Em Zacarias, Satanás é repreendido por um Anjo do Senhor. Logo, ele é uma figura má. Ver: Gruenthaner, M. J. The demonology of the Old Testament. The Catholic Biblical Quarterly, v. 6, n. 1, p. 17, jan. 1944.

Como o Diabo caiu

Há divergências entre os estudiosos sobre se o Diabo está realmente em foco nos textos citados a seguir.[11] No entanto, se ele não está, então não temos nenhum registro bíblico de sua queda e rebelião contra Deus. As evidências levam a crer que, de fato, Satanás é o sujeito desses dois textos, sobre os quais podemos reconstruir a história da sua queda.

Ezequiel 28.11-19 relata a ascensão e queda de uma pessoa identificada como o rei de Tiro:

> Veio a mim a palavra do Senhor, dizendo: Filho do homem, levanta uma lamentação sobre o rei de Tiro, e dize-lhe: Assim diz o Senhor Deus: Tu eras o selo da perfeição, cheio de sabedoria e formosura. Estavas no Éden, jardim de Deus; cobrias-te de toda pedra preciosa: a sardônica, o topázio, o diamante, o berilo, o ônix, o jaspe, a safira, a carbúnculo e a esmeralda; de ouro se te fizeram os engastes e os ornamentos; no dia em que foste criado foram eles preparados. Tu eras o querubim da guarda ungido, e te estabeleci; no monte santo de Deus estavas, no meio das pedras afogueadas andavas. Perfeito eras nos teus caminhos, desde o dia em que foste criado, até que se achou iniquidade em ti. Na multiplicação do teu comércio, se encheu o teu interior de violência, e pecaste; pelo que te lançarei, profanado, fora do monte de Deus, e te farei perecer, ó querubim da guarda, do meio das pedras afogueadas. Elevou-se o teu coração por causa da tua formosura, corrompeste a tua sabedoria por causa do teu resplendor; por terra te lancei, diante dos reis te pus, para que te contemplem. (Ezequiel 28.12-17, ACF)

Esse trecho foi escrito por Ezequiel no século VI a.C., durante os 70 anos de cativeiro de Judá na Babilônia. A profecia se

---

[11] Greenberg, Moshe. Ezekiel 21-37: a new translation with commentary. New York; Doubleday, 1997 (Anchor Bible), p. 587-593. EICHRODT, Walter. Ezekiel: A commentary. Philadelphia: The Westminster Press, 1970, p. 392-395. Block, Daniel I. The Book of Ezekiel, Chapters 25–48. Grand Rapids: Eerdmans, 1998, p. 99-121.

divide em três seções principais e, na segunda, Ezequiel trata do julgamento iminente sobre as nações gentias ao redor de Judá e prediz a queda do líder de Tiro (cf. Ezequiel 28.2).[12]

Os comentaristas geralmente concordam que Ezequiel 28.2-10 se refere ao rei fenício Et- Baal III, que governava a cidade costeira de Tiro.[13] No entanto, em Ezequiel 28.12, há uma mudança súbita no foco. O "rei de Tiro" mencionado aqui não parece ser o mesmo líder humano dos versículos anteriores. Enquanto o líder em 28.2-10 é chamado de "homem" duas vezes (cf. Ezequiel 28.2,9), o "rei de Tiro" é descrito em termos surpreendentemente sobrenaturais, que vão além do que poderia ser dito sobre qualquer ser humano. Por exemplo, o rei de Tiro é descrito como "perfeito em formosura" e "cheio de sabedoria", condições que dificilmente poderiam se aplicar a um rei humano comum.[14]

Cooper, em seu comentário sobre o livro de Ezequiel, afirma:

> Quem, então, era a pessoa cujo caráter se assemelhava ao do rei de Tiro que cumpriu os elementos dos versículos 12-17? A serpente era conhecida por sua astúcia (Gn 3:1), seu engano e sua atitude contra Deus (3:4), levando a humanidade ao pecado (3:6-7). Em outros lugares, ela é apresentada como enganadora (Ap 12:9; 20:2), instigadora do mal (Jo 13:2, 27), alguém que busca adoração como um deus (Lc 4:6-8; 2Ts 2:3-4), e alguém que tenta fazer com que outros renunciem a Deus (Jó 2:4- 5). Ela aparece como um anjo de Deus

---

[12] No capítulo anterior, discorremos sobre os significados dos termos hebraicos utilizados no texto de Ezequiel 28 e concluímos, baseados em renomados estudiosos bíblicos, que se refere a Satanás, o querubim caído, e seu maior representante na terra naquele contexto, o rei de Tiro.

[13] Cooper, Lamar E. Ezekiel. Nashville:Broadman and Holman Publishers, 1994, p.307 (The New American Commentary). Sobre outras possibilidades para a identidade do rei de Tiro em Ezequiel, ver Block, Daniel I. The Book of Ezekiel, Chapters 25–48. Grand Rapids: Eerdmans, 1998, p. 29-32.

[14] Unger, Merril F. Commentary on the Old Testament. Chattanooga: AMG Publishers, 2002, p. 1552.

> (2Co 11:14) e como o pai da mentira e da violência (Jo 8:44), distorce as Escrituras (Mt 4:6), se opõe aos crentes (2Co 2:11), e, finalmente, é julgada (Mt 25:41; Ap 19:20-21; 20:13-15). Portanto, a conclusão de que a figura por trás do símbolo poético é a serpente (também conhecida como o adversário, o diabo, Satanás; Ap 12:9) é lógica.[15]

Essas descrições indicam que o texto não se refere apenas a um líder humano, mas descreve o estado anterior à queda do Diabo. Ao mencionar primeiro o líder humano de Tiro nos versículos 2-10 e, em seguida, o "rei de Tiro" nos versículos 12-19, Ezequiel parece estar revelando o poder sobrenatural por trás desse líder humano, de maneira semelhante à forma como Satanás será o poder por trás do Anticristo nos últimos tempos (cf. Apocalipse 13.2-4).[16] Aqui, começamos a vê-lo em sua função sacerdotal, associado aos querubins que, ainda hoje, dirigem a adoração no Céu.

A posição do Diabo antes da queda

Se esse entendimento estiver correto, ele revela que, antes da sua queda, o Diabo desfrutava de privilégios incomparáveis. Ele era o mais poderoso e majestoso da hoste angelical. O "monte santo de Deus", mencionado no versículo 14, pode se referir à própria presença de Deus, onde Satanás habitava antes de sua queda. Ele também é chamado de "querubim ungido" e "querubim da guarda", indicando sua alta posição entre os anjos.

Unger comenta que:

> Aquele grande anjo pertence à ordem dos querubins, associados ao trono de Deus como defensores da santidade divina (Gn 3:24; Ex 26:1, 31; 36:8, 35). [...] O Deus Todo-Poderoso, obviamente, não precisa

---

[15] Cooper, Lamar E. Ezekiel. Nashville:Broadman and Holman Publishers, 1994, p. 312 (The New American Commentary)

[16] Unger, Merril F. Commentary on the Old Testament. Chattanooga: AMG Publishers, 2002, p. 1552.

> de tal defesa. Mas não se trata do que Deus precisa, e sim de uma revelação sobre o que Deus escolheu organizar. O primeiro estado glorioso do anjo-querubim, antes de sua queda, é evidentemente descrito nestas palavras: 'Tu andaste no meio das pedras afogueadas' (vs. 13,16). É evidente que nenhum rei de Tiro ou ser humano caído corresponde à descrição exaltada dada nos versículos 12 a 14.[17]

As palavras no versículo 13 podem se referir a instrumentos musicais, como pandeiros e flautas, apoiando a ideia de que o Diabo servia como sumo sacerdote celestial, liderando a adoração divina no Céu. Barnhouse comenta que "o fato de que o Diabo tinha santuários indica tanto adoração quanto sacerdócio".[18] Aparentemente, antes de sua queda, ele era, além de guardião da glória de Deus, o sumo sacerdote celestial e o líder da adoração celestial.

No entanto, o ponto de inflexão trágico chegou no versículo 15: "Perfeito eras nos teus caminhos desde o dia em que foste criado, até que se achou iniquidade em ti". Essa é a declaração mais próxima que a Bíblia faz ao descrever a origem do pecado. O Diabo era perfeito em todas as suas atitudes e ações até o momento em que a corrupção foi encontrada nele. Em um instante, não havia pecado; no instante seguinte, lá estava ele. Assim, o Diabo se tornou o primeiro pecador do universo.

Sua queda é descrita nos versículos 16-19. O versículo 16 começa: "Na multiplicação do teu comércio, se encheu o teu interior de violência, e pecaste". Para Satanás, isso significava ir de anjo em anjo caluniando a Deus para ganhar sua lealdade.[19] O Diabo embarcou

---

[17] Idem, p. 1553.

[18] BARNHOUSE, Donald Grey. The Invisible War. Grand Rapids: Zondervan, 80, p. 29.

[19] "'Pela multidão (abundância) de seu comércio' (rakil, da raiz rkl, 'andar por aí' para comércio ou fofoca caluniosa, BDB, aqui), este último revela o pecado da rebelião, 'um andar por aí' entre os anjos para atraí-los a se desviarem da lealdade ao seu Criador (cf. Ap 12.3-4; Is 14.13-14). A acusação divina foi:

em uma campanha de difamação para caluniar a Deus. O pecado original do anjo caído, como revelado no versículo 17, foi o orgulho: "Elevou-se o teu coração por causa da tua formosura; corrompeste a tua sabedoria por causa do teu resplendor". Como resultado, ele foi corrompido, expulso da presença divina e lançado por terra.

O segundo texto que descreve a queda original do Diabo está em Isaías 14.12-19, que relata uma história paralela à de Ezequiel: "Como caíste do céu, ó estrela da manhã, filha da alva! Como foste lançado por terra, tu que debilitavas as nações!" (Isaías 14.12, ACF).

Esse texto é frequentemente comparado a Ezequiel 28, e os dois apresentam paralelos notáveis.[20] Primeiramente, ambos descrevem o Diabo como o poder supremo por trás de um rei humano perverso: o rei da Babilônia em Isaías e o príncipe de Tiro em Ezequiel. Em segundo lugar, ambos os textos identificam o orgulho como o pecado original de Satanás. Isaías 14.13-14 é frequentemente chamado de "os cinco 'eu subirei'" de Satanás, onde ele expressa seu desejo de se exaltar acima de Deus.

O Diabo desejava possuir a criação de Deus e ser a única autoridade sobre ela. Ele tentou subir, mas foi lançado por terra, para baixo. O Diabo está furioso porque ele não pode mais ser um profeta que fala por Deus. Ele não pode mais ser um sacerdote que lidera a adoração a Deus. Aquele que desejava ser como Deus acabou se tornando o mais diferente dele.[21]

'Tu pecaste'. O interior do querubim ungido tornou-se cheio de violência, a violência da revolta contra seu Criador." UNGER, Merril F. Commentary on the Old Testament. Chattanooga: AMG Publishers, 2002, p. 1553.

[20] COOPER, Lamar E. Ezekiel. Nashville: Broadman and Holman Publishers, 1994, p.312-313 (The New American Commentary).

[21] Warren Wiersbe discute em "Be Victorious" (1984) a natureza da queda do Diabo e como a sua tentativa de usurpar a posição de Deus levou a sua transformação em um ser totalmente oposto, como parte do seu novo papel como o grande adversário. Ver: WIERSBE, Warren. Be Victorious. David C. Cook, 1984. p. 112-130.

Isso contrasta intensamente com o que o Filho de Deus fez. Jesus deixou o lugar mais elevado do universo à direita de Deus, humilhou-se e desceu para assumir a vergonha da cruz. Como resultado, Deus O exaltou sobremaneira (cf. Filipenses 2.5-11). Na economia de Deus, o caminho para cima é para baixo, e o caminho para baixo é para cima. Que essa lição nos lembre que Deus exalta os humildes (cf. Tiago 4.10; 1Pedro 5.6).

Sete pontos-chave sobre a criação e corrupção do Diabo:

1. O Diabo é um ser criado.
2. Ele foi criado perfeito.
3. Ocupou uma posição elevada, possivelmente a mais alta sob Deus.
4. Caluniou Deus perante os outros anjos para atrair sua lealdade e liderar uma rebelião.
5. Pecou ao se encher de orgulho.
6. Liderou uma revolta contra Deus no Céu.
7. Foi derrotado por Deus.

A queda do Diabo: Uma análise teológica

Supondo que Isaías 14 e Ezequiel 28 descrevem a queda do Diabo, sabemos que ele era um anjo que caiu dessa posição exaltada. Mas quando exatamente ele caiu? Todos concordam que Satanás caiu em algum momento antes de Gênesis 3, quando ele tenta Adão e Eva a desobedecerem a Deus. A pergunta é: quando, antes de Gênesis 3, ele falhou e caiu?

Existem dois principais pontos de vista sobre essa questão. Alguns acreditam que ele caiu antes de Gênesis 1.1, e que Deus pretendia que a criação fosse um cenário para provar quem tem o direito de governar. Outros acreditam que ele caiu em algum momento após Deus criar os céus e a terra, mas antes de Gênesis 3, quando tenta Adão e Eva. Ou seja, segundo essa teoria, ele caiu em algum momento entre Gênesis 1.31 e 3.1.[22]

Embora seja impossível ter certeza sobre o momento exato, algumas pistas podem nos ajudar a reconstruir a cronologia. Começamos com o fato de que Satanás era um anjo criado, e Jó 38.7 nos diz que, quando Deus criou o universo, os anjos se alegraram ao ver a maravilhosa obra de Deus. Isso significa que os anjos haviam sido criados antes da criação do universo por parte de Deus. Também indica que, naquele momento, todos os anjos ainda estavam em um estado não caído e que tudo estava em harmonia quando se uniram para se regozijar. Sabemos, então, que Deus disse que tudo estava muito bem após os seis dias da criação (cf. Gênesis 1.31). Isso indica que tudo estava bem no novo universo de Deus, o que parece incompatível com a existência de uma multidão de criaturas caídas.[23]

Portanto, parece mais provável situar a queda do Diabo e sua hoste após o sétimo dia, quando Deus descansou e declarou que todas as coisas eram boas em Gênesis 1.31, mas antes da aparição do Diabo como tentador em Gênesis 3.1. Embora seja impossível ter certeza, poderia ser que, depois que a criação foi completada e Satanás viu seu estado primitivo, incluindo Adão

---

[22] A queda do homem ser narrada entre Gênesis 1.31 e Gênesis 3.1 indica que a queda do Diabo ocorreu após Deus ter declarado a criação como "muito boa" em Gênesis 1.31, mas antes de Gênesis 3, quando Satanás, na forma de uma serpente, tenta Adão e Eva. Esse ponto de vista sugere que a queda do Diabo aconteceu após a criação da Terra e antes da tentação no Éden. Em Gênesis 3.1, a serpente, identificada com Satanás, engana Eva e leva ao pecado da humanidade. Essa visão entende que o Diabo, já caído, usou sua nova condição de adversário para tentar destruir a criação que ele não conseguiu governar.

[23] A criação estava completa e perfeita no momento da declaração de Deus, e a corrupção introduzida pelo Diabo ocorreria posteriormente, após o estado original de bondade (WALTKE, B. K. Genesis: A Commentary. Zondervan, 2001, p. 245). Essa visão permite que a perfeição inicial de Gênesis 1.31 seja preservada, enquanto reconhece que a tentação e a queda, conforme descrito em Gênesis 3, introduziram o mal no mundo.

e Eva em sua adoração perfeita a Deus, ele se encheu de inveja e cobiçou essa adoração para si mesmo. Como guardião da glória de Deus e líder da adoração celestial, o Diabo ansiava por essa adoração para si. O pecado foi encontrado nele, e sua queda foi definitiva.

Quem são os demônios?

De acordo com as Escrituras, Deus criou todas as coisas, incluindo os anjos (cf. Colossenses 1.16). Deus é santo e sem pecado, e, portanto, todos os anjos também foram criados santos e sem pecado. É fundamental lembrar que Deus não criou o Diabo nem os demônios como seres malignos. Deus criou um querubim protetor, belo e ungido, e uma hoste de anjos perfeitos e não caídos. Contudo, esse querubim ungido liderou uma rebelião contra seu Criador, resultando na sua queda e na queda de um terço da hoste angelical (cf. Apocalipse 12.4). [24]

A questão, porém, permanece: por que Deus permitiu que isso acontecesse? Deus é onisciente, então Ele sabia o que aconteceria. E Ele é soberano, então poderia ter evitado que acontecesse. Por que não o fez?[25]

Essa é uma das perguntas mais difíceis de responder, junto com uma pergunta semelhante: por que Deus permite o sofrimento e o mal no mundo? De alguma forma, não podemos responder completamente a essas perguntas, mas, em um sentido amplo, podemos entender que a presença do Diabo e dos demônios serve para glorificar a Deus, ou seja, para revelar ou exibir Seu poder e justiça. Deus permite que Satanás exista por razões soberanas, muitas das quais, sem dúvida, apenas Ele conhece. Mas podemos descansar no fato de que Deus é infinitamente sábio e

---

[24] AGOSTINHO. Homilia IX in Apocalypsim B. Joannis. ML, appendix, 2434.

[25] Sobre Satanás e o problema filosófico da Teodiceia, ver BOYD, Gregory A. Satan and the problem of Evil. Downers Grove: InterVarsity Press, 2001.

infinitamente amoroso e que Ele está executando Seu plano, o melhor plano para trazer a máxima glória a Si mesmo.

De que forma o Diabo é a serpente?

O Diabo faz sua entrada no cenário da história humana em Gênesis 3. Ele aparece primeiro como o tentador e enganador da humanidade:

> Ora, a serpente era mais astuta que todas os animais do campo que o Senhor Deus tinha feito. E esta disse à mulher: É assim que Deus disse: Não comereis de toda a árvore do jardim? E disse a mulher à serpente: Do fruto das árvores do jardim comeremos, mas do fruto da árvore que está no meio do jardim, disse Deus: Não comereis dele, nem nele tocareis para que não morrais. Então a serpente disse à mulher: Certamente não morrereis. Porque Deus sabe que no dia em que dele comerdes se abrirão os vossos olhos, e sereis como Deus, sabendo o bem e o mal. (Gênesis 3:1-5, ACF).

Após a queda de Adão e Eva, Deus amaldiçoa cada um dos principais atores na queda da humanidade:

> Então o Senhor Deus disse à serpente: Porquanto fizeste isso, maldita serás mais que todas as bestas, e mais que todos os animais do campo; sobre o teu ventre andarás, e pó comerás todos os dias da tua vida. E porei inimizade entre ti e a mulher, e entre a tua semente e a sua semente; esta te ferirá a cabeça, e tu lhe ferirás o calcanhar. (Gênesis 3:14-15, ACF).

Gênesis 3 não menciona explicitamente Satanás, nem o chama pelo nome, mas o contexto e outros trechos das Escrituras deixam claro que ele estava por trás das atividades da serpente (cf. Apocalipse 12.3,9). Gênesis 3 refere-se à "serpente" três vezes nos primeiros seis versículos. Essa narrativa levanta muitos problemas e perguntas, incluindo a dificuldade de determinar a relação entre o Diabo e a serpente. Seria tudo isso simplesmente simbólico e derivado da mitologia pagã?[26] O Diabo se transformou em uma serpente para se disfarçar? Ele habitou ou controlou uma serpente real?

Acredito que esse trecho é história real, não mitologia. Não há nada no texto que alerte o leitor de que se trata de um mito, e o Novo Testamento trata o relato de Adão, Eva e Satanás no Jardim como um fato histórico (cf. Mateus 19.4-6; João 8.44). Toda a narrativa da criação é apresentada como um registro de fatos concretos. Outros trechos das Escrituras referem-se ao Diabo encarnando outras criaturas e agindo através delas: o rei da Babilônia (Isaías 14), o príncipe de Tiro (Ezequiel 28) e o Anticristo final (Apocalipse 13). Sabemos também, pelas Escrituras, que os demônios podem habitar em seres humanos e tomar o controle de seus corpos. Com isso em mente, podemos supor que o Diabo escolheu o corpo de uma serpente como o mais adequado para se disfarçar quando apareceu a Eva para tentá-la. As Escrituras se referem ao Diabo de várias maneiras, incluindo como uma serpente e um dragão (cf. 2Coríntios 11.3; Apocalipse 12.4,7,9,13).

Claro, o relato de Satanás habitando uma serpente para tentar Eva levanta várias outras questões. Como era originalmente a serpente antes de ser amaldiçoada? Se ela foi amaldiçoada a comer o pó da terra e rastejar sobre seu ventre, isso significa que originalmente ela andava ereta? E por que Eva não achou estranho ouvir uma serpente falar? Os animais podiam falar antes da queda? As respostas a essas perguntas estão além do escopo deste livro. Além disso, é possível que todos esses animais terrestres fossem quadrúpedes, menos a serpente, que tinha a notável habilidade de, bípede, levantar-se e manter ereta quando

---

[26] Para o significado da Serpente nos mitos do Antigo Oriente Próximo, ver WALTON John. Genesis (Zondervan Illustrated Bible Backgrounds Commentary). Grand Rapids: Zondervan, 2001, p. 108-109.

falava com Adão ou Eva. Então, após a tentação e a queda, Deus teria alterado a estrutura vocal e dos centros de fala nos cérebros dos animais, e a serpente teria a capacidade de se manter ereta eliminada, sujeitando-a à humilhação de não poder encarar o ser humano face a face.

Os nomes do Diabo

Ao longo da Bíblia e da história, foram atribuídos muitos títulos ao nosso inimigo. Satanás, Diabo e Lúcifer são mais conhecidos. Torna-se necessário examinar cada um deles.

O nome "Lúcifer" deriva do latim *lucifer*, que significa "portador da luz" (*lux* para "luz" e *ferre* para "trazer"). Essa palavra foi utilizada na Vulgata, a tradução latina da Bíblia realizada por São Jerônimo no século IV, para traduzir o termo hebraico *hêlel* encontrado em Isaías 14.12.[27] *Hêlel*, que pode ser traduzido como "brilhante" ou "estrela da manhã", refere-se originalmente ao planeta Vênus, que aparece no céu antes do amanhecer, simbolizando um brilho temporário e ilusório.[28] Esse termo, usado em um contexto de zombaria profética,[29] originalmente se aplicava ao rei da Babilônia, cuja arrogância o levou a acreditar que poderia ascender ao nível dos deuses, mas cuja queda foi inevitável e trágica.

Na tradição cristã, o título "Lúcifer" transcendeu sua aplicação original para se tornar sinônimo do anjo caído que liderou uma rebelião contra Deus e foi expulso do Céu. Esse desenvolvimento teológico ocorreu principalmente durante o período patrístico,

---

[27] Solimeo, G. A.; Solimeo, L. S. Anjos e demônios: a luta contra o poder das trevas. 4. ed. São Paulo: Artpress, 2014, p. 72

[28] Brown, Francis; Driver, S. R.; Briggs, Charles A. A Hebrew and English Lexicon of the Old Testament. Oxford: Clarendon Press, 1909, p.237. Koehler, Ludwig; Baumgartner, Walter; Richardson, M. E. J.; Stamm, Johann J. The Hebrew and Aramaic Lexicon of the Old Testament.

[29] Pagels, Elaine. The Origin of Satan: How Christians Demonized Jews, Pagans, and Heretics. New York: Vintage Books, 1995, p. 48.

quando figuras como Santo Agostinho e outros Padres da Igreja começaram a interpretar Isaías 14.12 não apenas como uma crítica ao rei da Babilônia, mas como uma alegoria para a queda de Satanás. Agostinho, por exemplo, viu em Lúcifer o exemplo máximo de soberba e rebelião, descrevendo-o como um ser criado para a glória que, ao tentar usurpar a posição de Deus, caiu em desgraça e tornou-se a personificação do mal.[30]

O nome "Lúcifer" não deve ser visto apenas como uma descrição histórica ou mitológica, mas como um símbolo teológico profundo que encapsula a natureza do mal como uma corrupção da luz e da verdade. Esse título ressalta que, na visão cristã, o Diabo representa a distorção máxima do bem — a queda de uma criatura que foi originalmente criada em esplendor, mas que, através do orgulho e da rebelião, se tornou a antítese do que Deus pretendia.[31]

A ironia contida no título "Lúcifer" é que ele sugere uma dualidade que é central para a teologia cristã do mal. Como *lucifer*, ele é o portador da luz, refletindo sua criação original como um dos seres mais gloriosos de Deus. No entanto, ao se rebelar, ele se transformou na figura que encarna a escuridão e a mentira. Essa transformação de portador da luz em príncipe das trevas sublinha a tragédia e a perversidade do mal — um conceito que tem profundas implicações na teologia e na espiritualidade cristã.

A capacidade de Satanás de se disfarçar como um "anjo de luz" (cf. 2Coríntios 11.14) é central para a compreensão cristã de como o mal opera no mundo. Ele não se apresenta abertamente como mal, mas engana, utilizando a aparência de bondade e verdade para atrair e corromper. Essa ideia é fundamental para a narrativa do pecado original, onde a serpente (identificada posteriormente

---

[30] Agostinho, Civitate Dei 11.13.

[31] Russell, Jeffrey Burton. Lucifer: The Devil in the Middle Ages. Ithaca: Cornell University Press, 1984.

com o Diabo) engana Eva, apresentando o fruto proibido como algo desejável e bom, apesar de ser a causa da queda da humanidade (cf. Gênesis 3).

O impacto de "Lúcifer" vai além da teologia, influenciando profundamente a literatura, a arte e a cultura ao longo dos séculos. John Milton, em sua obra *O Paraíso Perdido* (1667), oferece uma das representações mais icônicas dele como um líder carismático e trágico, que, apesar de sua queda, mantém traços de sua antiga majestade. Milton descreve Lúcifer como "o mais nobre entre os condenados", cuja "própria majestade caída é um reflexo distorcido da luz que ele outrora possuía".[32] Essa representação influenciou profundamente a percepção popular do Diabo, destacando a complexidade moral e a dualidade de sua figura.

O Diabo: Caluniador e acusador

No contexto das Escrituras, o termo "o Diabo" (*o Diabolos,* em grego) é o segundo título mais comum atribuído ao Diabo, sendo mencionado 36 vezes no Novo Testamento. A palavra grega διάβολος, que é trazida como Diabo nas traduções bíblicas, significa "aquele que faz falsa acusação, caluniador".[33] O *Brill Dictionary of Ancient Greek*, sobre esse termo, coloca-o como relacionado ao verbo διαβάλλω, que tem como significado "caluniar, falar mal de alguém", uso que aparece em Aristófanes (*Eq.* 45) e outros textos clássicos, ou "dividir, separar", como em Platão (*Symp.* 222c, *Rp.* 498c). Esse verbo está associado à ideia de fofoca ou maledicência, com uma conotação de traição verbal. O substantivo τό διάβολον é descrito como "calúnia" ou "fofoca", conforme usado por Plutarco (*Adul.* 6id). ὁ διάβολος, em sua forma masculina, é inicialmente utilizado

[32] MILTON, John, Paraíso perdido 1.590-594.

[33] LIDDELL, Henry George; SCOTT, Robert; JONES, Henry Stuart. A Greek-English Lexicon. 9th ed. Oxford: Clarendon Press, 1996, p. 390.

como "caluniador", "difamador" ou "injuriador", como exemplificado em Xenofonte (*Ag.* 11.5) e Aristóteles (*Top.* 126a 31). [34]

Portanto, o nome "Diabo" destaca a função central desse ser como o acusador dos irmãos, aquele que constantemente se opõe a Deus e aos Seus servos, tentando desviá-los do caminho da retidão. Esse título não só sublinha a posição dele como o inimigo ativo da humanidade, mas também revela a natureza essencialmente destrutiva de seu caráter.[35] A ação de "dividir" reflete a missão fundamental do Diabo de criar cisões e divisões, tanto no âmbito espiritual quanto social. Ele atua como um agente de discórdia, buscando separar o ser humano de Deus, de si mesmo e dos outros, não apenas como um adversário externo, mas uma força que opera no interior das comunidades e dos indivíduos, instigando desconfiança, calúnia e separação.

No Novo Testamento, o Diabo é retratado como o acusador por excelência. Em 1Pedro 5.8, ele é descrito como um leão que ruge, à espreita para devorar os incautos, uma imagem que enfatiza sua natureza predatória e incansável. O Diabo é frequentemente associado ao papel de acusador no tribunal celestial, onde se posiciona como o grande opositor dos santos, buscando condená-los com base em suas falhas e pecados. Essa função é particularmente evidente em passagens como Apocalipse 12.10, na qual ele é chamado de "o acusador de nossos irmãos, que os acusa dia e noite diante do nosso Deus".

A natureza destrutiva de Satanás é um tema recorrente tanto na tradição bíblica quanto na patrística. Kelly ressalta que a missão do Diabo é corroer o tecido moral e espiritual da criação,

---

[34] MONTANARI, Franco. The Brill Dictionary of Ancient Greek. Leiden: Brill, 2015, p. 480-481.

[35] WALTON, J. H.; MATTHEWS, V. H.; CHAVALAS, M. W. Comentario del contexto cultural de la Biblia: Antiguo Testamento. Tradução Nelda Bedford de Gaydou et al. El Paso: Editorial Mundo Hispano, 2004, p. 553.

levando a humanidade à ruína através da tentação, do engano e da calúnia, pois ele é ele é, de fato, um inimigo de Deus, um tipo de Malfeitor Cósmico.[36]

A função do nosso inimigo não é meramente a de um oponente passivo, mas de um agente ativo na disseminação do mal, como ilustrado nas tentativas de tentação de Jesus no deserto (cf. Mateus 4.1-11). Ao longo da história cristã, a figura do Diabo como caluniador e acusador foi elaborada e expandida em diversas tradições e textos. Na literatura medieval, como *A Divina Comédia* de Dante, o Diabo é representado como o arquétipo da malícia e do engano, um ser cuja única finalidade é a destruição da alma humana.[37] Essa imagem é reforçada por Milton em *O Paraíso Perdido*, no qual ele é descrito como o grande sedutor, capaz de usar a mentira como arma para corromper a criação divina.[38]

Tentador: O indutor ao pecado

O título "Tentador", atribuído ao Diabo nas Escrituras, destaca seu papel ativo na indução ao pecado, sendo uma designação que sublinha a natureza manipuladora e sedutora desse ser maligno. Martinho Lutero, em sua obra *Da Liberdade Cativa*, diz:

> "De que maneira nós, já caídos, seremos capazes de qualquer coisa em relação às primícias do Espírito que nos foram tiradas, principalmente tendo em vista que Satanás já reina em nós com pleno

---

[36] KELLY, Henry Ansgar. Satã: uma biografia. São Paulo: Globo, 2008.

[37] Para além de sua fachada ortodoxa, a Divina Comédia de Dante denuncia a cultura e a excepcional intuição de um homem cujo pensamento estava acima de qualquer dogmática, ao mesmo tempo em que o Diabo se relaciona com o ser humano por causa do orgulho e da ambição. Ver: COUSTÉ, Alberto. Biografia do Diabo: como a sombra de Deus na história. Trad. Luca Albuquerque. Rio de Janeiro: Record; Rosa dos Tempos, 1996, p. 202.

[38] MCGRATH, Alister. Christian literature: an anthology. Oxford: Blackwell, 2001, p. 142; RUSSELL, Jeffrey. Lucifer: The Devil in the Middle Ages. New York: Cornell University Press,1984, p. 138.

> poder, que prostrou o primeiro ser humano com uma única tentação quando ainda não reinava nele?"[39]

Encontrado em passagens como Mateus 4.3 e 1Tessalonicenses 3.5, o termo "Tentador" revela o Diabo como aquele que não apenas observa a humanidade, mas ativamente intervém para desviar os fiéis do caminho da retidão. Ele é descrito como um ser que provoca e coloca obstáculos e tentações no caminho daqueles que buscam seguir a Deus, a fim de corromper suas almas e afastá-las da verdade divina.

A narrativa da tentação de Jesus no deserto, encontrada em Mateus 4.1-11, talvez seja o exemplo mais paradigmático do papel do Diabo como tentador.[40] Nessa passagem, o Diabo, sob a forma do Tentador, aproxima-se de Jesus após 40 dias e 40 noites de jejum, em um momento de vulnerabilidade física. Ele apresenta três tentações, cada uma delas cuidadosamente elaborada para explorar as necessidades humanas básicas: a fome, a segurança e o poder. Essas tentações não são meramente desafios morais, mas testes profundos da fidelidade de Jesus a Deus. O Tentador procura subverter a missão de Cristo, em oposição à vontade divina.

A função do Tentador na teologia cristã vai além da simples indução ao pecado. O Diabo, como Tentador, é visto como uma figura que testa a fé e a devoção dos fiéis.[41] Essa função é paradoxal: ao mesmo tempo que tenta desviar, ele também fortalece a fé daqueles que resistem às suas artimanhas. Em 1Tessalonicenses 3.5, Paulo expressa sua preocupação de que o Tentador pudesse ter

---

[39] LUTERO, Martinho. Da Liberdade Cativa. In: Obras Selecionadas. Volume 4. Porto Alegre: Editora Sinodal, 1993, p. 89.

[40] Para um exame detalhado da tentação de Jesus no Evangelho de Mateus, ver CARSON, D. A. O Comentário de Mateus. São Paulo: Shedd Publicações, 2010, p. 142-146.

[41] RUSSELL, Jeffrey. Lucifer: The Devil in the Middle Ages. New York: Cornell University Press, 1984.

ganho algum terreno entre os novos convertidos, sublinhando a necessidade de constante vigilância para resistir às suas tentações.

A estratégia do Tentador é muitas vezes descrita como uma forma de manipulação psicológica, onde as fraquezas humanas são exploradas para promover a queda espiritual. Como argumenta Pagels, ele não opera de maneira óbvia, mas sutil, sugerindo pensamentos e ações que, à primeira vista, podem parecer inofensivos ou até justos.[42] Essa sutileza faz parte de sua eficácia; ele conhece bem a natureza humana e utiliza esse conhecimento para induzir ao erro aqueles que estão desprevenidos.

Na tradição cristã, Satanás é uma figura central na compreensão da luta espiritual. Obras como *O Paraíso Perdido*, de John Milton, exploram profundamente essa dinâmica, onde o Diabo, como Tentador, usa de sua astúcia e eloquência para enganar e corromper. Milton descreve a tentação como uma batalha não apenas entre o bem e o mal, mas também entre o discernimento e a ignorância, onde o inimigo busca explorar cada fraqueza e cada desejo desordenado para levar à destruição da alma.[43]

Maligno: A personificação do mal

A designação "Maligno" (πονηρός, *ponerós*) encontrada em Mateus 13.38 encapsula de maneira poderosa a essência da natureza do Diabo, apresentando-o como a personificação do mal absoluto. Ele não é apenas uma entidade maligna, mas a própria fonte do mal, sendo descrito como aquele que semeia a discórdia e o pecado, operando constantemente contra os propósitos divinos e buscando destruir a harmonia da criação.

No Evangelho de Mateus, essa designação aparece na Parábola do Joio, onde Jesus explica que o campo é o mundo, a boa semente

---

[42] PAGELS, Elaine. The Origin of Satan: How Christians Demonized Jews, Pagans, and Heretics. New York: Vintage Books, 1995, p. 132.

[43] Idem.

são os filhos do Reino, e o joio são os filhos do Maligno. Aqui, o termo se refere diretamente ao Diabo, que é identificado como o semeador do joio, ou seja, do mal, em meio à criação de Deus. Essa parábola ilustra a presença constante do mal no mundo e a tensão entre ele e o bem até o fim dos tempos, quando o julgamento final separará os filhos do Reino dos filhos do Maligno.

Caciola argumenta que, na tradição cristã, o Maligno representa a antítese completa de Deus, que é a fonte de todo o bem.[44] Enquanto Deus é o criador e sustentador da vida e da ordem, o Maligno é o corruptor, aquele que busca desfazer a obra divina, introduzindo caos, pecado e morte na criação.

Portanto, a figura do Maligno como semeador de discórdia é uma característica central na teologia cristã. Segundo Pagels, o Maligno age para destruir a unidade que Deus deseja para a humanidade, promovendo conflitos, divisões e inimizade.[45] Essa função é exemplificada na maneira como ele semeia o joio entre o trigo, criando uma mistura indissociável de bem e mal no mundo até o momento da colheita final. Essa metáfora sublinha a realidade persistente do mal na experiência humana e a necessidade de discernimento e resistência espiritual por parte dos fiéis.

Dragão: A imagem apocalíptica do Diabo

A figura do Dragão, atribuída ao Diabo em Apocalipse 12.3,9, é uma das imagens mais poderosas e evocativas na literatura bíblica, especialmente no contexto apocalíptico. Essa representação de Satanás como um dragão simboliza uma força destrutiva e terrível, encapsulando o caos e a oposição direta ao plano divino. Na tradição judaico-cristã, o dragão é mais do que uma mera

---

[44] Caciola, Nancy. Discerning spirits: divine and demonic possession in the Middle Ages, Ithaca: Cornell University Press, 2006.

[45] Pagels, Elaine. The Origin of Satan: How Christians Demonized Jews, Pagans, and Heretics. New York: Vintage Books, 1995, p. XVIII.

criatura mitológica; ele é a personificação do mal cósmico, um adversário que desafia a ordem e a soberania de Deus.[46]

O livro do Apocalipse, também conhecido como Revelação, é uma obra imagética e rica em simbolismo, sendo o dragão uma das figuras centrais nas visões proféticas de João. Em Apocalipse 12.3, o dragão é descrito como "um grande dragão vermelho, com sete cabeças e dez chifres, e nas suas cabeças sete diademas". Essa descrição não apenas evoca uma imagem de poder e majestade infernais, mas também de completa oposição à ordem celestial. Michael Gorman, em *Reading Revelation Responsibly,* afirma:

> O dragão é explicitamente identificado como 'aquela antiga serpente, que é chamada de Diabo e Satanás, o enganador de todo o mundo' (12:9). Ele é vermelho, simbolizando seu envolvimento com a morte, e possui sete cabeças com diademas e dez chifres, símbolos de poder (12:3). Ele não é apenas o enganador, mas também o perseguidor supremo do povo de Deus, incluindo o Messias (12:3–4, 13–17), embora sua perseguição também possa ser executada por humanos que acreditam estar fazendo a vontade de Deus (2:9; 3:9). Satanás é a fonte do poder político humano deificado e idolatrado retratado no capítulo 13; isso já foi vividamente prefigurado na descrição de Pérgamo como o local do trono de Satanás (2:13).[47]

Segundo o teólogo luterano Gustaf Aulén, as cabeças e os chifres representam a autoridade e o poder corrompidos, enquanto o vermelho simboliza violência e destruição.[48] A identificação

---

[46] "O dragão é Leviatã, a serpente de sete cabeças que o Senhor, com sua grande espada, punirá no último dia (cf. Isaías 27.1), enquanto a ascendência da besta também remonta (através dos monstros de Daniel 7.2-8) o Leviatã, já que ela surge do mar." BAUCKHAM, Richard. Theology of the Book of Revelation. Cambridge: Cambridge University Press, 1993, p. 89.

[47] GORMAN, Michael J. Reading Revelation Responsibly. Eugene: Cascade Books, 2011, p. 124.

[48] AULÉN, Gustaf. Christus Victor: An Historical Study of the Three Main Types of the Idea of Atonement, American Edition. Translated by A. G. Hebert. New York: The Macmillan Company, 1966, p. 65-66.

apresentada no versículo 9 reforça a continuidade entre a serpente do Jardim do Éden e o dragão apocalíptico, sugerindo que o Diabo, sob várias formas e títulos, tem sido o adversário constante de Deus e da humanidade ao longo da história sagrada.

Na tradição judaico-cristã, o dragão é frequentemente associado ao caos primitivo e à resistência contra o cosmos ordenado por Deus. No Antigo Testamento, especialmente em textos como Isaías 27.1 e Salmos 74.13-14, o dragão aparece como Leviatã, uma criatura monstruosa que simboliza as forças do caos que Deus deve subjugar para estabelecer a ordem. Trelstad argumenta que essas imagens foram integradas ao imaginário cristão para representar a contínua luta entre Deus e as forças do mal, com o dragão se tornando a representação final desse conflito.[49]

Em Apocalipse, o dragão não é apenas um símbolo estático; ele é uma força ativa e terrível, engajada na guerra contra os exércitos celestiais e os santos de Deus. A imagem do dragão usada em Isaías 27 é retomada em Apocalipse.[50] O dragão persegue a mulher que dá à luz o Messias (cf. Apocalipse 12.4,5), o que simboliza a contínua tentativa de Satanás de destruir o plano redentor de

---

[49] Trelstad, Marit. "The Cross in Context," in Cross Examinations: Readings on the Meaning of the Cross Today. Minneapolis: Augsburg Fortress Press, 2006, p. 15.

[50] Em Apocalipse, o Diabo desempenha um papel significativo, sendo a figura central no complexo narrativo em Apocalipse 12, que combinava diferentes referências. Apocalipse 12 descreve uma batalha no Céu: Miguel e seus anjos derrotam o dragão e seus anjos e jogam o dragão na terra. Como relatos judaicos primitivos comparáveis mostram, essa destruição escatológica marca o início da salvação final de Israel (cf. Lucas 10.18; João 12.31). Com isso, Satanás perde seu papel tradicional como promotor celestial dos justos diante de Deus (cf. Apocalipse 12.10; cf. Zacarias 3; Jó 1). Mas ele continua na terra a agir contra as comunidades cristãs na Ásia Menor. Então o Diabo está testando as comunidades impondo e ameaçando (cf. Apocalipse 2.10). Para servir a esse propósito, ele está usando um instrumento importante: o Imperador Romano e seu aparato de propaganda, codificado pelas duas bestas de Apocalipse 13.

Deus. Essa perseguição é uma representação metafórica da luta espiritual que permeia toda a história humana, onde o dragão busca devorar a semente da promessa divina.

O uso da figura do dragão em Apocalipse foi amplamente influente na literatura apocalíptica e teológica posterior. Obras como *A Divina Comédia* de Dante e *O Paraíso Perdido* de John Milton expandiram essa imagem, retratando o Diabo como um ser que combina a astúcia da serpente com o poder destrutivo do dragão. Em *O Paraíso Perdido*, por exemplo, Milton descreve Satanás como o grande dragão que, após sua queda, se transforma no líder dos anjos caídos, um ser cuja ambição e orgulho o levaram à rebelião contra Deus.[51]

Acusador: O Diabo como adversário dos fiéis

O título "Acusador", *katēgōr*, mencionado em Apocalipse 12.10, é uma designação que refere-se ao significado do nome "Satanás", que, como foi dito no início deste livro, significa "o adversário" e deriva da raiz verbal, שָׂטָן *(śāṭān)*, "estar em inimizade" ou "fazer um inimigo".[52] Esse é um dos papéis mais insidiosos do Diabo nas Escrituras: o de adversário incessante dos fiéis. Sua função de acusador é central para a compreensão teológica de Satanás como o inimigo das almas, constantemente buscando maneiras de trazer acusações contra os servos de Deus perante o tribunal celestial, para minar a posição dos justos diante de Deus.[53]

Essa acusação por parte de Satanás, feita "dia e noite", é uma tentativa de separar os fiéis da graça divina, sublinhando o seu

---

[51] Pagels, Elaine. The Origin of Satan: How Christians Demonized Jews, Pagans, and Heretics. New York: Vintage Books, 1995, p. 38.

[52] Koehler, L.; Baumgartner, W.; Richardson, M. E. J.; Stamm, J. J. The Hebrew and Aramaic Lexicon of the Old Testament. Leiden: Brill, 1994-2000. 5 v., p. 1317.

[53] Gruenthaner, M. J. The demonology of the Old Testament. The Catholic Biblical Quarterly, v. 6, n. 1, p. 17, jan. 1944.

caráter implacável e astuto. Segundo Hanson, esse título reflete a visão de um tribunal celestial onde o Diabo atua como promotor, tentando persuadir a Deus de que os fiéis não são dignos de Sua proteção e amor.[54]

A imagem do Diabo como Acusador remonta às tradições judaicas mais antigas, onde Satanás já é visto como aquele que traz acusações contra os justos. Em Jó 1.6-12, por exemplo, Satanás aparece diante de Deus para questionar a integridade de Jó, sugerindo que sua fidelidade depende das bênçãos materiais que ele recebeu. Seu papel de Acusador é aprofundado na teologia cristã, onde o Diabo é visto como aquele que, ao tentar expor as falhas dos fiéis, busca anular a justificação proporcionada pela fé em Cristo.[55]

Pagels argumenta que esse papel é fundamental para entender a narrativa do conflito cósmico entre o bem e o mal, onde Satanás, ao acusar os fiéis, está, na verdade, desafiando a própria autoridade e justiça de Deus.[56] Ele é o adversário que, ao se posicionar como promotor, revela a complexidade da luta espiritual, onde cada falha humana é potencialmente uma oportunidade para invalidar a redenção oferecida por Cristo.

Na tradição cristã, o papel do Diabo como Acusador tem sido amplamente explorado. John Milton, em *O Paraíso Perdido*, descreve Satanás como aquele que busca incessantemente desviar a humanidade do caminho da retidão, usando a acusação como uma ferramenta para semear dúvida e desespero nos corações dos crentes. Além disso, a literatura teológica e os sermões ao longo da história cristã frequentemente abordam o Acusador como uma figura que deve ser combatida através da fé, da oração e da

---

[54] HANSON, P. The Dawn of the Apocalyptic. Philadelphia 1979, p. 32-279.

[55] BREYTENBACH, C.; DAY, P.L., Satan, in: Dictionary of Deities and Demons in the Bible, 1999, p. 726.

[56] PAGELS, Elaine. The Origin of Satan: How Christians Demonized Jews, Pagans, and Heretics. New York: Vintage Books, 1995, p. XIX.

confiança na intercessão de Cristo, que, como nosso advogado, se opõe às acusações malignas.[57]

Serpente: O símbolo de engano e traição

A designação "Serpente", atribuída ao Diabo, remonta aos primeiros capítulos do Gênesis[58] e reaparece em Apocalipse, evidenciando a imagem do Diabo como um símbolo de engano e traição. Desde o Jardim do Éden, onde o Diabo, disfarçado como uma serpente, seduziu Eva e introduziu o pecado na humanidade, a serpente tornou-se um dos emblemas mais poderosos da astúcia e da perversidade no pensamento judaico-cristão.[59]

Em Gênesis 3.1-4, Satanás, na forma de uma serpente, aborda Eva com uma pergunta aparentemente inocente, mas que carrega em si a semente da dúvida e da desobediência. A serpente questiona a ordem divina sobre não comer do fruto da árvore do conhecimento do bem e do mal, insinuando que Deus está retendo algo valioso dos seres humanos. Como argumenta Pagels, a serpente

---

[57] Jesus tem o poder de destruir a influência do Diabo, pois é "filho de Deus" (cf. 1João 3.8) ou, mais especificamente, ele o faz após a sua morte (cf. Hebreus 2.14). Em 1 João 2.1, Jesus atua como um advogado celestial contra as acusações de Satanás.

[58] Para o significado da Serpente nos mitos do Antigo Oriente Próximo, ver WALTON John. Genesis (Zondervan Illustrated Bible Backgrounds Commentary). Grand Rapids: Zondervan, 2001, p. 108-109.

[59] "Depois, o anjo invejoso e soberbo, afastado de Deus por seu orgulho e encastelado em si mesmo, a estar sujeito preferindo gozar daqueles a ele sujeitos por sua tirânica altivez, caiu do paraíso espiritual [...] Em sua queda, afetando serpentear nos sentidos do homem com cautelosa astúcia (é que o invejava porque caíra e o homem se mantinha em pé), escolheu no paraíso corporal, onde viviam em companhia dos outros animais, inofensivos e mansos, dois indivíduos humanos, o homem e a mulher, escolheu, digo, a cobra, animal lúbrico e que se move com tortuosos meneios, apto para o propósito de falar por sua boca. E, abusando dele, como de instrumento, graças a sua presença angélica e a sua natureza superior, com perversidade espiritual, falou com falácia à mulher" AGOSTINHO. A Cidade de Deus (Parte II). Petrópolis: Vozes, 2017, XIV.XI

não apenas engana Eva, mas também distorce a verdade para apresentar a desobediência como um caminho para a iluminação e a divindade, resultando na queda da humanidade.[60]

A maldição subsequente sobre a serpente (cf. Gênesis 3.14,15) estabelece uma inimizade perpétua entre a serpente e a descendência da mulher, uma profecia tradicionalmente interpretada como um prenúncio da vitória final de Cristo sobre Satanás. Segundo McGrath, essa inimizade simboliza a batalha contínua entre o bem e o mal, uma luta que se estenderia ao longo de toda a história humana, mas que encontra em Deus uma faceta de superação, libertação e glória. Alister McGrath menciona isso ao falar das cinco marcas da teologia da Cruz, em que o mal que atravessa a vida humana se transforma em redenção: 1) *theologia crucis*, uma teologia da revelação em vez de uma teologia da especulação; 2) Essa revelação deve ser considerada indireta e oculta; 3) Deve ser reconhecida nos sofrimentos da Cruz de Cristo; 4) O conhecimento de Deus que está oculto em sua revelação é uma questão de fé; 5) Deus é particularmente conhecido por meio de sofrimentos, isto é, Ele se faz conhecido por meio de sofrimentos: Deus é a fonte de *Anfechtung*, Ele ataca o homem para quebrá-lo e, assim, salvá-lo. É significativo que Deus esteja oculto e que o Deus *absconditus* esconda sua misericórdia sob sua ira.[61]

A imagem da serpente reaparece de forma significativa em Apocalipse 12.9, onde o Diabo é identificado como "a antiga serpente, chamada o Diabo e Satanás, que engana todo o mundo". Esse versículo conecta explicitamente a serpente do Éden com o dragão do Apocalipse, unificando as duas imagens em uma única figura de malícia e destruição. Caciola observa que essa identificação não apenas reforça a continuidade da obra maligna do Diabo

---

[60] PAGELS, Elaine. Adam, Eve, And The Serpent. New York: Random House, 1989, xxiii.

[61] MCGRATH, Alister. Luther's Theology of the Cross, Oxford, Basil Blackwell, 1985. p. 149-151.

ao longo das eras, mas também sublinha seu papel como o grande enganador, cuja missão é afastar a humanidade da verdade divina.[62]

O simbolismo da serpente na tradição judaico-cristã é complexo e multifacetado. Como símbolo de engano, a serpente representa a capacidade do Diabo de manipular e corromper, utilizando a verdade parcial para induzir ao erro. Ela é também um símbolo de traição, pois Satanás, uma criatura de Deus, utiliza sua inteligência e astúcia para se rebelar contra o Criador e levar a humanidade à queda. A serpente é uma metáfora poderosa da corrupção interior, onde o engano não é imposto de fora, mas surge de uma distorção interna da verdade.[63]

Na tradição cristã, a serpente é frequentemente interpretada como o arquétipo do tentador, aquele que sussurra mentiras disfarçadas de verdades parciais. Essa visão é fortalecida pela interpretação de muitos Pais da Igreja, como Agostinho, que viram na serpente do Éden uma figura de Satanás tentando corromper a criação perfeita de Deus.

A figura da serpente também tem um lugar central na literatura cristã, onde ela simboliza a origem do mal e da tentação. Em *O Paraíso Perdido*, John Milton apresenta a serpente como o meio pelo qual Satanás entra no Éden para corromper Adão e Eva, sendo essa a primeira e mais significativa de suas muitas traições contra Deus e a humanidade. Milton descreve a serpente como uma criatura astuta e de fala doce, que utiliza a lógica distorcida e a sedução para realizar seu intento maligno.[64]

---

[62] Caciola, Nancy. Discerning spirits: divine and demonic possession in the Middle Ages, Ithaca: Cornell University Press, 2006.

[63] Considere que, na teologia, a serpente também pode ter um sentido positivo. Para Lutero, a serpente de bronze, por exemplo, significa Jesus Cristo e é como um "animal nocivo", assim como "Cristo também foi considerado um animal venenoso a ser evitado". Cristo suportou ser ridicularizado quando foi considerado um "verme vil" (LW4 22.340).

[64] Morrison, S. R. The Accommodating Serpent and God' s in Paradise Lost. Studies in English Literature 1500-1900, 2009, p. 173-195.

Pai da mentira: O Diabo como o originador de todas as falsidades

O título "pai da mentira", atribuído ao Diabo em João 8.44, é uma designação que sublinha seu papel central como o originador de todas as falsidades. Nesse versículo, Jesus se refere ao Diabo como "o pai da mentira", revelando a profundidade de sua capacidade de distorcer a verdade e enganar a humanidade. Esse título não apenas o caracteriza como um ser maligno, mas também como a fonte última de todo engano que afasta a humanidade de Deus.

No Evangelho de João, Jesus confronta os líderes religiosos que, apesar de suas pretensões de piedade, estão cegos para a verdade de Deus e, portanto, se alinham mais com Satanás do que com o Pai Celestial. Jesus afirma que eles seguem o "pai" deles, o Diabo, e que ele foi homicida desde o princípio, "e não se firmou na verdade, porque nele não há verdade. Quando ele profere mentira, fala do que lhe é próprio, porque é mentiroso e pai da mentira" (João 8.44, ACF). Esse versículo é uma das declarações mais fortes sobre a natureza do inimigo, destacando-o como a personificação da mentira e o primeiro a se afastar da verdade divina.[65]

A mentira, na teologia cristã, é vista não apenas como uma falha moral, mas como uma corrupção essencial da ordem divina. Como "pai da mentira", o Diabo não apenas diz mentiras; ele é a própria origem da falsidade. Essa designação reflete a concepção cristã de que todo o mal é, em última análise, uma distorção da verdade. Ao se afastar da verdade de Deus, Satanás inaugurou o reino da falsidade. Esse ato inicial de rebelião, uma mentira em si, propagou-se pela criação, levando a humanidade a seguir o mesmo caminho de falsidade e autoengano.

---

[65] Satanás não é só uma personificação do mal, mas um ser (persona) maligno. Ele tem todos os três aspectos da personalidade: inteligência (cf. 2Coríntios 11.3), emoções (cf. Apocalipse 12.17) e vontade (cf. 2Timóteo 2.26).

O *pai da mentira* possui uma habilidade singular em distorcer a verdade, tornando o engano uma ferramenta eficaz para afastar a humanidade de Deus. Pagels observa que a mentira do Diabo é frequentemente uma meia-verdade, algo que parece plausível à primeira vista, mas que, na realidade, desvia da vontade e do propósito divinos.[66] Esse tipo de engano é particularmente insidioso porque enreda as pessoas em falsas promessas e percepções distorcidas, levando-as a tomar decisões que as afastam de Deus.

A estratégia de Satanás é ilustrada no relato da tentação de Jesus no deserto (cf. Mateus 4.1- 11), onde ele tenta distorcer a palavra de Deus para enganar Jesus. Embora sem sucesso nesse caso, a tentativa revela a profundidade da astúcia do Diabo e sua dedicação em usar a mentira para desviar os filhos de Deus. Como pai da mentira, ele não apenas mente, mas também corrompe a verdade, usando-a como uma arma para alcançar seus objetivos malignos.

O impacto das mentiras do Diabo sobre a humanidade é profundo e abrangente. A introdução da mentira no mundo é vista como um ato de violência espiritual, rompendo a comunhão entre Deus e o homem e instaurando um reino de escuridão e engano.[67] A mentira de Satanás no Éden, ao afirmar que Adão e Eva "seriam como Deus" se comessem do fruto proibido (cf. Gênesis 3.4,5), foi a causa direta da queda da humanidade. Esse evento é o exemplo supremo de como a mentira pode corromper a verdade e conduzir à separação de Deus.

A figura de Satanás como pai da mentira tem sido amplamente explorada na tradição cristã, com os teólogos frequentemente

---

[66] Sobre o Diabo como primeiro mentiroso, ver DENERY II, Dallas. The Devil Wins: A History of Lying from the Garden of Eden to the Enlightenment. Princeton, 2015, p. 21-61. Ver também PAGELS, Elaine. The Origin of Satan. New York, 1995, p. 149-178.

[67] FORDE, Gerhard O. Where God Meets Man: Luther's Down to Earth Approach to the Gospel. Minneapolis: Augsburg Publishing House, 1972, 103.

associando a mentira ao pecado original e ao contínuo afastamento da humanidade de Deus. Agostinho, por exemplo, viu a mentira como o princípio ativo do mal, algo que corrompe tanto o mentiroso quanto aquele que é enganado:

> "Com efeito, o homem não se tornou semelhante ao diabo por ter carne, de que o diabo carece, mas por viver segundo si mesmo, quer dizer, segundo o homem. Também o diabo quis viver segundo si mesmo, quando não se manteve na verdade. E desse modo falou mentira, não de Deus, mas de si próprio, que não apenas é mendaz, mas o pai da mentira. Foi quem primeiro mentiu e o princípio do pecado é o mesmo da mentira".[68]

Estrela da Manhã: A tensão entre a glória e a queda do Diabo

A designação "Estrela da Manhã", atribuída ao Diabo em Isaías 14.12, é uma das mais complexas e carregadas de ironia nas Escrituras. O título, que em hebraico é הֵילֵל, *hêlel*[69], (traduzido na Vulgata como *lucifer*, "portador da luz")[70], é usado em Isaías para se referir a uma figura grandiosa que caiu de sua posição exaltada.[71]

---

[68] Agostinho. A Cidade de Deus (Parte II). Petrópolis: Vozes, 2017, XIV.III. O poder do Diabo e a livre movimentação de demônios na obra de Agostinho fazem com que a mentira e o engano estejam presentes no universo. Ver a discussão em: Brown, Peter. Augustine of Hippo: A Biography. Berkeley, Calif.: University of California Press, 1967, 395.

[69] Ver páginas anteriores para o significado de hêlel.

[70] Além de isaías 14.12, a Vulgata utiliza o termo Lucifer em 2Pedro 1.19, mas se referindo a Jesus: Et habemus firmiorem propheticum sermonem : cui benefacitis attendentes quasi lucernæ lucenti in caliginoso donec dies elucescat, et lucifer oriatur in cordibus vestri. Em Apocalipse 22.16, é traduzido por stella splendida et matutina. sendo que. Biblia Sacra Vulgata, 2 Pedro 1:19. Disponível em: https://vulgata.online/bible/2Pe.1?ed=MS_VG. Acesso em: 13/09/24.

[71] Para a visão de que Hêlel se refere ao mito canaanita de Helal/ Ishtar, ver Motyer, J. Alec. Isaiah (Tyndale Old Testament Commentaries). Notthingham: InterVarsity Press, 1999, p. 137.

Em Isaías 14.12, a "Estrela da Manhã" é uma metáfora para o rei da Babilônia, cuja arrogância o levou a tentar usurpar a posição de Deus, resultando em sua queda. Essa passagem foi tradicionalmente interpretada pelos cristãos como uma descrição simbólica da queda do Diabo, que, segundo a tradição, era originalmente um anjo de grande beleza e poder. O "filho da alva" brilhava com uma luz que refletia a glória de Deus, mas sua rebelião transformou essa luz em trevas, culminando em sua queda do Céu.[72]

A ironia do título "Estrela da Manhã" se manifesta plenamente quando se considera que o mesmo termo é usado para descrever Jesus Cristo em Apocalipse 22.16: "Eu sou a Raiz e a Geração de Davi, a brilhante Estrela da Manhã". Enquanto o Diabo é uma estrela que caiu, Cristo é a estrela que brilha eternamente, simbolizando a verdadeira luz que traz vida e salvação. A ambiguidade no uso do título serve para destacar o contraste entre a falsa luz

---

[72] Satanás é chamado de "filho da alva" porque, antes de sua rebelião, ele era um ser angelical dotado de grande glória e luz. No texto de Ezequiel 28.12-15, ele é descrito como um querubim ungido que era "perfeito em beleza" e "perfeito em seus caminhos," até que o pecado foi encontrado nele. Essa imagem de perfeição reflete o conceito de "estrela da manhã," alguém que brilhava com esplendor, mas que, devido ao orgulho e à ambição, caiu da graça de Deus. Ao ser identificado como o "filho da alva", Satanás é visto como aquele que, em um tempo anterior à sua queda, portava luz e glória. Sua posição elevada nos céus, possivelmente como um dos mais poderosos dos anjos, é o que lhe deu essa associação com o brilho da aurora. No entanto, como a estrela da manhã desaparece com o surgimento do sol, a queda de Satanás simboliza a perda de sua glória e luz, sendo lançado da presença de Deus para um estado de escuridão e condenação. A expressão "filho da alva" também ressalta o contraste entre a posição gloriosa que Satanás tinha e a terrível destruição que ele experimentou ao tentar se exaltar acima de Deus. De acordo com Isaías 14.13-14, o orgulho foi o motivo de sua queda: ele desejava subir ao Céu, exaltar seu trono acima das estrelas de Deus e ser semelhante ao Altíssimo. Sua ambição em se equiparar a Deus foi o que levou à sua expulsão. A teologia cristã vê nesse episódio o paradigma do pecado do orgulho: Satanás, que outrora foi um portador da luz, tornou-se o "príncipe das trevas" ao tentar usurpar a soberania de Deus. Assim, ele é chamado de "filho da alva" porque sua queda reflete o princípio de que, quanto mais elevada a posição de um ser, maior a queda quando a arrogância substitui a humildade.

do Diabo e a luz verdadeira de Cristo. O primeiro pretendia ser a luz suprema, mas sua ambição o levou à escuridão; o segundo é a luz que vence as trevas e restaura a criação. O Diabo queria subir até a posição de Deus, enquanto Jesus, "mesmo existindo na forma de Deus, não considerou o ser igual a Deus algo que deveria ser retido a qualquer custo. Pelo contrário, ele se esvaziou, assumindo a forma de servo, tornando-se semelhante aos seres humanos. E, reconhecido em figura humana, ele se humilhou, tornando-se obediente até a morte, e morte de cruz" (cf. Filipenses 2.6-8).

O título "Estrela da Manhã" revela a tensão entre a glória original do Diabo e sua queda subsequente. Antes de sua rebelião, ele era exaltado entre os anjos, resplandecendo com uma luz que refletia a beleza e a perfeição de Deus. No entanto, ao desejar elevar-se acima de Deus, inverteu sua própria natureza, passando de portador da luz a príncipe das trevas. Essa transformação do Diabo é o maior símbolo do pecado da soberba, no qual o desejo de se igualar a Deus resulta na degradação e na separação total da fonte de toda luz e bondade. Milton, em *O Paraíso Perdido*, indica esse paradoxo. O Diabo é apresentado em oposição ao bem:

> "E por mim mesmo jurei a ele que se dobrará
> Todos os joelhos no céu, e o confessará o Senhor [...]
> Para sempre feliz: aquele que desobedece,
> Eu desobedeci, rompi a união, e naquele dia
> Expulso de Deus e da visão abençoada,
> Cai na escuridão total [...]
> sem redenção, sem fim." [73]

Na tradição teológica, a queda do Diabo como "Estrela da Manhã" é frequentemente citada como um exemplo do perigo da ambição desmedida e do orgulho. Agostinho, por exemplo,

---

[73] MILTON, John. Paraíso Perdido. Rio de Janeiro: Clássicos Jackson, 1956, 5.607-15.

viu na queda de Lúcifer um paralelo com a tentação humana de buscar grandeza fora de Deus, resultando inevitavelmente em queda e ruína.[74] O contraste com Cristo, a verdadeira "Estrela da Manhã", serve como um lembrete de que as verdadeiras glória e luz só podem ser encontradas na humildade e na obediência a Deus.

Belzebu: O senhor das moscas e o domínio sobre os espíritos malignos

O nome "Belzebu", Βεελζεβοὺλ, encontrado em Mateus 12.24, é uma designação associada ao Diabo que revela aspectos importantes de sua natureza e poder no contexto da demonologia cristã. Traduzido como "senhor das moscas", esse título carrega a conotação de corrupção, decadência e domínio sobre os espíritos malignos. Ao identificar o Diabo como Belzebu, as Escrituras enfatizam seu papel como líder supremo das forças do mal, reforçando sua posição como o adversário central de Deus e da humanidade.

Assim, o nome "Belzebu" tem suas raízes na palavra hebraica *Baal-Zebub*, que significa "senhor das moscas" ou "senhor dos zumbidos"[75]. Originalmente, Baal-Zebub era um deus filisteu adorado

---

[74] "É ele que, desde seu princípio, infiel à verdade, expulso da bem-aventurada sociedade dos santos anjos, obstinado em sua revolta contra seu Criador, se mostra soberbo, orgulhoso do poder particular e próprio que o engana, sedutor desabusado, porque não poderia fugir à mão do Onipotente. E, como não quis permanecer, por piedosa submissão, o que na verdade é, aspira, na cegueira de seu orgulho, a passar pelo que não é." AGOSTINHO. A Cidade de Deus (Parte II). Petrópolis: Vozes, 2017, XI.XIII.

[75] O Greek-English Lexicon of the New Testament and Other Early Christian Literature (BDAG) traz: "Beelzebul, originalmente uma divindade filisteia; o nome בַּעַל זְבוּב significa Baal (senhor) das moscas (cf. 4Reis 1.2,6; Sym. transcreve βεελζεβούβ; Vulgata Beelzebub; no Testamento de Salomão aparece frequentemente como Βεελζεβούλ ou -βουέλ). Se בַּעַל זְבוּב (senhor da imundície) representa uma mudança intencional ou apenas uma pronúncia descuidada, não se pode determinar com certeza." BAUER, W., DANKER, F. W., ARNDT, W. F., & GINGRICH, F. W. A Greek-English Lexicon of the New Testament and Other Early Christian Literature (3ª ed.). Chicago: University of Chicago Press., 2000, p. 152.

em Ecrom, como mencionado em 2Reis 1.2-3, onde o rei Acazias consulta o deus após sofrer um acidente.[76] Com o tempo, no contexto da teologia judaico-cristã, Belzebu passou a ser associado a uma entidade demoníaca, frequentemente identificada com Satanás. Essa transição reflete a demonização das divindades pagãs no pensamento hebraico, onde deuses estrangeiros foram reinterpretados como demônios, inimigos do Deus de Israel.

O título "senhor das moscas" carrega fortes conotações de decadência e corrupção. As moscas, frequentemente associadas à putrefação e à morte, tornam-se nele um símbolo apropriado para um ser que domina sobre o caos e a desordem. Ao associar o Diabo a Belzebu, os textos bíblicos sugerem que ele não apenas reina sobre os demônios, mas também sobre os aspectos mais vis e corruptos da criação. Essa associação reforça a visão de Satanás como um ser que se deleita na destruição e degradação daquilo que é bom e puro.

Em Mateus 12.24, os fariseus acusam Jesus de expulsar demônios pelo poder de Belzebu, o "príncipe dos demônios". Essa acusação revela a crença de que Belzebu, o Diabo, possui autoridade suprema sobre todos os espíritos malignos. Na demonologia cristã, isso o coloca como líder de uma hierarquia infernal, onde ele comanda legiões de demônios para cumprir sua vontade perversa. Esse domínio sobre os espíritos malignos é uma parte essencial da concepção cristã de Satanás, tornando-o o arquétipo do mal organizado e consciente.[77]

---

[76] Carson, D. A. O Comentário de Mateus. São Paulo: Shedd Publicações, 2010, p. 303.

[77] Mateus 12 faz parte de uma série de eventos no ministério de Jesus, onde Ele cura e realiza milagres que começam a chamar atenção e gerar controvérsia entre as autoridades religiosas da época, especialmente os fariseus. O versículo 24 vem logo após Jesus ter curado um homem cego e mudo, possuído por um espírito demoníaco. Esse milagre impressiona as multidões, e muitos começam a se perguntar se Jesus é o "Filho de Davi", ou seja, o Messias prometido.

Belzebu, como um dos títulos do Diabo, tem uma presença significativa na tradição cristã. Ele é frequentemente retratado na literatura e na arte como uma figura grotesca, muitas vezes associada a insetos e podridão, simbolizando a corrupção moral e espiritual que encarna.

Governante dos Demônios: A autoridade suprema do Diabo sobre as forças do mal

O título "Governante dos Demônios", mencionado em Mateus 12.24, é uma designação que reforça a autoridade do Diabo sobre todos os espíritos malignos, consolidando sua posição como líder supremo das forças do mal. Esse título sublinha o seu papel central na hierarquia infernal, onde ele não apenas exerce controle sobre os demônios, mas também orquestra suas ações contra Deus e a humanidade. A figura de Satanás como o "Governante dos Demônios" é crucial para a compreensão teológica do mal na tradição cristã, representando a organização e a liderança do mal em sua forma mais estruturada.

Como visto anteriormente, em Mateus 12.24, os fariseus acusam Jesus de expulsar demônios pelo poder de "Belzebu, o príncipe dos demônios". Esse versículo é central para a compreensão do Diabo como o governante de todas as forças malignas. Os fariseus, ao fazerem essa acusação, reconhecem implicitamente a existência de uma hierarquia demoníaca liderada por um único ser poderoso, identificado com Belzebu. Essa acusação reflete a crença na autoridade absoluta de anjo caído sobre os demônios, uma posição que ele usa para tentar subverter o plano redentor de Deus.[78]

Os fariseus, por sua vez, ao invés de reconhecerem a divindade de Jesus, buscam uma explicação alternativa e acusam-no de realizar esses milagres através do poder de Belzebu, que eles identificam como o "príncipe dos demônios".

[78] WINK, Walter. Naming the Powers: The Language of Power in the New Testament. Fortress Press, 1984.

O Diabo, como Governante dos Demônios, exerce uma autoridade suprema sobre todos os espíritos malignos. Essa posição implica que ele não é apenas um líder passivo, mas um comandante ativo que direciona as ações dos demônios para realizar sua vontade perversa. Tal fato é essencial para a visão cristã do mal como uma força organizada, na qual o Diabo atua como o principal estrategista, comandando seus subordinados em uma guerra constante contra a ordem divina. É um poder maligno, como diz Agostinho:

> "Quanto a nós, o testemunho das Santas Escrituras, uma das bases de nossa fé, ensina-nos a ver anjos bons e anjos maus, porém, jamais fala de demônios bons. Em qualquer passagem das Sagradas Letras jamais se emprega tal nome; quer diga *daemones* ou *daemonia*, não designa senão espíritos malignos."[79]

Na tradição cristã, a ideia de uma hierarquia infernal é amplamente desenvolvida, com O Diabo no topo como o governante absoluto. Os demônios, vistos como anjos caídos que o seguiram em sua rebelião, operam sob sua liderança, espalhando caos e destruição no mundo. Essa hierarquia reflete uma paródia da ordem celestial, onde Satanás tenta imitar a estrutura do Reino de Deus, mas com o propósito oposto ao de Deus, isto é, para destruir em vez de edificar. Essa estrutura organizada torna o mal uma força potente e contínua no mundo, necessitando de resistência espiritual constante.

O Diabo, como líder dos demônios, encarna o mal em sua forma mais concentrada, usando sua autoridade para desafiar a Deus e corromper a criação. Essa visão do mal como algo organizado e liderado por uma figura central serve como um alerta para os fiéis sobre sua natureza persistente e insidiosa.[80]

---

[79] Agostinho. A Cidade de Deus (Parte I). Petrópolis: Vozes, 2017 IX.XIX.

[80] Russell, Jeffrey Burton. Lucifer: The Devil in the Middle Ages. Ithaca: Cornell University Press, 1984; Heiser, Michael S. The Unseen Realm: Recovering the

Governante deste mundo e deus deste século: O poder temporário do Diabo sobre a humanidade

Os títulos "Governante deste mundo", ὁ ἄρχων τοῦ κόσμου τούτου (João 12.31; 14.30), e "deus deste século", ὁ θεὸς τοῦ αἰῶνος τούτου (2Coríntios 4.4), referem-se ao poder temporário e significativo que o Diabo exerce sobre os assuntos humanos. Esses títulos destacam a sua influência na ordem presente do mundo, onde ele trabalha ativamente para cegar as mentes e os corações das pessoas, afastando-as da verdade divina e levando-as à escuridão espiritual. São conceitos centrais para a compreensão teológica do papel do Diabo na história da salvação, na qual ele é visto como uma força poderosa e adversária que opera dentro dos limites da criação, mas cuja influência é, em última instância, temporária e destinada à derrota.

Em João 12.31, Jesus declara: "Agora é o juízo deste mundo; agora será expulso o príncipe deste mundo" (ARC). Essa declaração ocorre no contexto da iminente crucificação de Jesus, um evento que marcará o começo da derrota definitiva do Diabo. Aqui, "Governante deste mundo" refere-se à autoridade que o Diabo exerce sobre o sistema do mundo caído — uma autoridade que ele usurpou através da introdução do pecado na humanidade.[81] Embora o Diabo seja chamado de governante, essa posição é apenas temporária, pois a vitória de Cristo na cruz inicia o

---

Supernatural Worldview of the Bible. Bellingham: Lexham Press, 2015; LUTZER, Erwin W. The Serpent of Paradise: The Incredible Story of How Satan's Rebellion Serves God's Purposes. Chicago: Moody Publishers, 1996; KREEFT, Peter. Angels and Demons: What Do We Really Know About Them? San Francisco: Ignatius Press, 1995.

[81] "O título 'príncipe [ou "governante"] deste mundo' reaparece em João (14.30; 16.11), e títulos semelhantes são usados em outros lugares no Novo Testamento (cf. Mt 4.8,9 [= Lc 4.6,7]; 2Co 4.4; Ef 2.2; 6.12) e em parte da literatura judaica do período para se referir a Satanás (embora na literatura rabínica 'príncipe deste mundo' nunca se refira a Satanás)" CARSON, D. A. O Comentário de João. São Paulo: Shedd Publicações, 2007, p.443.

processo de restauração da ordem divina, que culminará na derrota final de Satanás.[82]

Em João 14.30, Jesus novamente menciona o "príncipe deste mundo", afirmando que ele "nada tem em mim". Essa afirmação sublinha a diferença fundamental entre Cristo, que é a luz verdadeira, e o Diabo, cuja autoridade é baseada em engano e trevas. Cristo não está sob a influência de Satanás, o que prenuncia a vitória final sobre ele.

O apóstolo Paulo, em 2Coríntios 4.4, refere-se ao Diabo como "o deus deste século", descrevendo-o como aquele que "cegou o entendimento dos incrédulos, para que não lhes resplandeça a luz do evangelho da glória de Cristo".[83] Esse título destaca a capacidade de Satanás de influenciar as mentes das pessoas, impedindo-as de compreender e aceitar a verdade do Evangelho. Caciola argumenta que essa cegueira espiritual é uma das armas mais poderosas do Diabo, uma ferramenta que ele usa para manter as pessoas presas em um estado de ignorância e rebelião contra Deus.[84] Embora o Diabo seja descrito como governante e deus deste mundo e deste século, é importante reconhecer que sua autoridade é limitada e temporária. O seu poder é derivado e permitido por Deus, dentro dos limites

---

[82] Walvoord, John F. The Revelation of Jesus Christ: A Commentary. Chicago: Moody Press, 1966

[83] "Quem é o 'deus deste século' que cegou os incrédulos? Alguns intérpretes antigos, combatendo os dualistas, inferiram que Paulo se referia a Deus (Crisóstomo, Homilia aos Coríntios 8.2); outros, como a maioria dos estudiosos modernos, inferiram que se referia ao diabo (Pelágio, Comentário sobre 2Coríntios 4). Textos judaicos usam expressões semelhantes para Deus (Jubileus 25:23), mas alguns cristãos primitivos usaram essa linguagem para se referir ao diabo (João 12:31; 14:30; 16:11). O próprio uso de Paulo é decisivo: ele pode falar do falso 'deus' dos incrédulos (Filipenses 3:19; cf. Eurípides, Ciclope 336–38). Vale notar que, na teologia de Paulo, Deus também endureceu Israel (Romanos 11:7); mas o pensamento apocalíptico judaico aceitava tanto a soberania de Deus quanto a atividade maligna de Satanás. Deus traz luz, mas Satanás, escuridão e cegueira espiritual (6:14–15)". Keener, Craig S. 1-2 Corinthians. New York: Cambridge University Press, 2005, p. 173.

[84] Caciola, Nancy. Discerning Spirits: Divine and Demonic Possession in the Middle Ages. Cornell University Press, 2006.

estabelecidos pela soberania divina. Satanás opera dentro do "século presente", um período de tempo destinado a terminar com a segunda vinda de Cristo, quando toda autoridade será restaurada a Deus. Essa compreensão sublinha a natureza transitória do domínio do Diabo, que, embora significativo, está destinado à derrota.

Satanás, como o governante deste mundo e deus deste século, usa seu poder para cegar espiritualmente a humanidade, desviando-a da verdade divina e mantendo-a sob a influência do pecado. Essa cegueira não é meramente intelectual, mas espiritual e moral, e afeta a capacidade das pessoas de discernir o bem do mal e a verdade da mentira. Ao manter as pessoas no erro, ele perpetua o estado de queda da humanidade e a mantém distante da salvação oferecida por Cristo.

Porém, como McGrath destaca, a vitória final sobre o Diabo é garantida pela obra redentora de Cristo, que já começou a reverter os efeitos do seu domínio e continuará a fazê-lo até que todo poder maligno seja destruído.[85]

Príncipe da potestade do ar: A influência do Diabo nas esferas espirituais

A expressão "Príncipe da potestade do ar", *ὁ ἄρχων τῆς ἐξουσίας τοῦ ἀέρος*, é encontrada em Efésios 2.2, onde o apóstolo Paulo se refere a Satanás de maneira metafórica, destacando sua autoridade sobre o mundo presente, mas ainda sob a soberania de Deus. Lynn H. Cohick afirma que: "O reino do 'ar' é aquela área entre os reinos terrestre e celestial onde estrelas, anjos e demônios existem. No mundo greco-romano, acreditava-se comumente que as forças nesse reino podiam ser manipuladas por magia".[86]

---

[85] McGrath, Alister. Christian Theology: An Introduction. 5th ed., Wiley-Blackwell, 2011

[86] Cohick, Lynn H. The Letter to the Ephesians (The New International Commentary on the New Testament). Grand Rapids: Eerdmans, 2020, p. 188. Ver também Hoehner, Harold W. Ephesians: An Exegetical Commentary. Grand Rapids: Baker Academic, 2002, p.311.

Portanto, essa designação sublinha a influência do Diabo nas esferas espirituais, particularmente em sua capacidade de controlar os poderes malignos que operam nas regiões celestiais, os quais buscam corromper e desviar a humanidade do caminho de Deus. Isso é reforçado quando o apóstolo Paulo o descreve como aquele "que agora opera nos filhos da desobediência", exercendo sua influência sobre o mundo através de uma presença espiritual invisível, mas poderosa, que permeia a atmosfera e as regiões celestiais. Nesse contexto, "ar" simboliza a esfera espiritual, que está entre a terra e o céu, um domínio onde o Diabo tem poder para agir e manipular, influenciando tanto o ambiente espiritual quanto o comportamento humano.

Como "príncipe da potestade do ar", Satanás é representado como o líder supremo das forças espirituais malignas, o que aponta para a sua natureza insidiosa. Ele não age apenas de maneira direta e visível, mas também através de meios espirituais sutis, para corromper o entendimento e instigar a desobediência contra Deus. O conceito de "potestades" refere-se a uma hierarquia de poderes espirituais que, sob a liderança do Diabo, operam para subverter a ordem divina. Elas são parte de uma estrutura espiritual organizada, onde Satanás, como príncipe, comanda legiões de espíritos malignos. Esses poderes não são apenas demônios individuais, mas forças e influências que permeiam a cultura, a sociedade e o pensamento humano, a fim de desviar as pessoas da verdade e da retidão.

A referência às "regiões celestiais" em Efésios 6.12, onde Paulo menciona "as forças espirituais do mal nas regiões celestiais", complementa a ideia do Diabo como o príncipe da potestade do ar. Essas regiões celestiais não são o céu no sentido de onde Deus habita, mas sim uma esfera intermediária onde os poderes espirituais malignos operam. Pagels sugere que o Diabo, ao ocupar essa posição, tenta imitar o domínio celestial, mas o faz para fins opostos aos divinos — não para abençoar, mas para destruir e corromper.[87]

Na literatura cristã e tradição teológica, Satanás é frequentemente retratado como um ser que, mesmo após sua queda, mantém grande poder e influência nas esferas espirituais. Em *O Paraíso Perdido*, de John Milton, o Diabo é descrito comandando não apenas o inferno, mas também influenciando o mundo através das forças espirituais que operam sob sua liderança. Essa representação destaca a batalha contínua entre o bem e o mal, onde o inimigo, mesmo derrotado, ainda exerce influência significativa sobre o mundo.

O título "príncipe da potestade do ar" também sublinha a necessidade de vigilância e resistência espiritual por parte dos fiéis. Paulo, em Efésios 6.10-18, exorta os cristãos a vestirem "toda a armadura de Deus" para resistir às artimanhas do Diabo, reconhecendo que a luta não é contra "carne e sangue", mas contra "principados, potestades e forças espirituais do mal". Essa batalha espiritual é central para a vida cristã, onde a influência maligna deve ser combatida através da fé, da verdade e da justiça.

As principais atividades atuais do Diabo: Um estudo teológico

A figura do Diabo, ou Satanás, nas tradições judaico-cristãs, é descrita como um ser de grande inteligência e malícia, continuamente empenhado em subverter os planos de Deus e enganar a humanidade. Suas atividades são variadas e insidiosas, como ilustrado por diversas passagens bíblicas e relatos teológicos. Este estudo visa ampliar a compreensão das atividades do Diabo no mundo contemporâneo, fundamentando os argumentos com referências bíblicas, teológicas e citações de estudiosos renomados.

Para exemplificação, há a história do agricultor e das melancias envenenadas como uma metáfora poderosa para ilustrar a maneira

---

87 PAGELS, Elaine. The Origin of Satan. New York: Random House, 1995.

como o Diabo opera. Trata-se da história do agricultor que tenta enganar os ladrões que frequentemente roubam suas melancias. Ele tem uma ideia: envenenar uma das melancias e deixar um aviso dizendo que uma das frutas foi envenenada. O agricultor pensa que assim, com medo, os ladrões não arriscarão comer nenhuma das melancias.

No entanto, um dos ladrões altera o aviso, dizendo que "duas" melancias foram envenenadas, confundindo o agricultor e fazendo com que ele próprio não saiba qual delas está realmente envenenada. Assim, o agricultor acaba caindo em seu próprio jogo, sem saber o que fazer com as melancias, pois agora não tem certeza de qual é segura. O Diabo, simbolizado aqui pelos ladrões, é astuto e subverte o plano do agricultor, transformando uma solução simples em um dilema insolúvel. Essa história ilustra a ideia central de que "não se pode enganar o Diabo", pois ele sempre encontra maneiras de distorcer a realidade e subverter as intenções humanas.

Observe como essa metáfora reflete o que o teólogo E.M. Bounds expressa sobre o caráter do Diabo. Para Bounds, o Diabo é um personagem muito ocupado. Faz um grande negócio, um negócio muito feio, mas o faz bem. Ele tem muita experiência, inteligência, um coração ruim, uma grande força, uma energia incansável e é de grande influência e caráter.[88] Utiliza todos os seus recursos de maneira eficaz para promover seus propósitos malignos, o que torna difícil para os seres humanos, por si sós, superarem suas artimanhas.

A Bíblia descreve Satanás como um ser constantemente ativo, buscando maneiras de destruir a obra de Deus e afastar os seres humanos de Seu amor. Efésios 6.11 adverte os crentes a vestirem toda a armadura de Deus, para poderem ficar firmes contra as ciladas do Diabo. A palavra grega traduzida como "cilada" é *μεθοδεία*,

---

[88] Bounds, E.M. The Complete Works of E. M. Bounds on Prayer. Baker Books, 1990, p. 34.

methodeia, que indica um conjunto de estratégias ou esquemas.[89] Isso sugere que o inimigo emprega múltiplos métodos para atingir seus objetivos malignos. Ele é prolífico em seus planos, utilizando diversas táticas para enganar, destruir e perverter.

C.S. Lewis, em *Cartas de um Diabo a seu Aprendiz*, reflete sobre essa versatilidade diabólica: "O caminho mais seguro para o Inferno é o gradual — o suave declive, sem curvas abruptas, sem marcos, sem placas de sinalização".[90] Lewis sugere que o Diabo não recorre sempre a ataques diretos, mas frequentemente emprega sutilezas e pequenas distorções para desviar os crentes do caminho da retidão.

O Diabo é descrito como mestre do engano. Em 2Coríntios 2.10-11, Paulo menciona as suas "maquinações", utilizando a palavra grega *νόημα, noema*, que significa "pensamento" ou "propósito".[91] Isso implica que Satanás não apenas reage às circunstâncias, mas também planeja estrategicamente suas ações, sempre buscando maneiras de confundir e desviar os seres humanos. Erwin Lutzer observa que "o melhor que o Diabo pode fazer é romper nossa comunhão com Deus; ele quer que nos contaminemos com o pecado para que Deus seja obscurecido".[92]

O principal método do nosso inimigo é disfarçar o pecado, fazendo-o parecer atraente e inofensivo. Ele seduz os indivíduos a acreditar que podem controlar o pecado e suas consequências, ocultando o preço que deve ser pago. Como McGrath aponta,

---

[89] BAUER, W., DANKER, F. W., ARNDT, W. F., & GINGRICH, F. W. A Greek-English Lexicon of the New Testament and Other Early Christian Literature (3ª ed.). Chicago: University of Chicago Press., 2000, p. 554.

[90] LEWIS, C. S. The Screwtape Letters. New York: HarperCollins, 2001, p. 56.

[91] BAUER, W., DANKER, F. W., ARNDT, W. F., & GINGRICH, F. W. A Greek-English Lexicon of the New Testament and Other Early Christian Literature (3ª ed.). Chicago: University of Chicago Press., 2000, p. 598.

[92] LUTZER, Erwin W. The Serpent of Paradise: The Incredible Story of How Satan's Rebellion Serves God's Purposes. Chicago: Moody Publishers, 1996, p. 79.

"o Diabo faz com que o pecado pareça não apenas aceitável, mas desejável, oferecendo uma falsa promessa de felicidade e realização que é, na verdade, uma armadilha que leva à destruição".[93]

Satanás é também um grande falsificador. Ele não cria nada novo, mas distorce a criação de Deus, apresentando falsificações que imitam a verdade de maneira enganosa. Como Lewis descreve, "Ele [o Diabo] trabalha mais sutilmente, não negando a verdade, mas sugerindo versões dela que são perigosamente próximas da mentira".[94] Essa técnica é particularmente perigosa porque confunde até mesmo os mais sábios, levando-os a aceitar como verdade aquilo que é, na realidade, uma distorção – uma mentira.

Ele também busca distorcer a percepção da humanidade sobre Deus, convencendo os indivíduos de que podem encontrar satisfação e realização fora de um relacionamento com o Criador. Como afirma Lutzer, "o que o Diabo realmente deseja é demonstrar que pode satisfazer nossas necessidades mais profundas com mais sucesso do que Deus".[95] Ele promete poder, realização e felicidade sem a necessidade de submissão a Deus, apresentando um caminho de orgulho e autoexaltação como uma alternativa ao arrependimento e à humildade.

A importância de deleitar-se em Deus: Um antídoto contra as estratégias do Diabo

O Diabo, conhecido também como Satanás, teme mais do que tudo os cristãos que descobriram o deleite em Deus. Quando uma pessoa encontra satisfação plena no Senhor, ele não possui nada que possa competir com essa alegria e contentamento espirituais.

---

[93] McGrath, Alister. Christian Theology: An Introduction. 5th ed., Wiley-Blackwell, 2011, p. 109.

[94] Lewis, C. S. The Screwtape Letters. New York: HarperCollins, 2001, p. 47.

[95] Lutzer, Erwin W. The Serpent of Paradise: The Incredible Story of How Satan's Rebellion Serves God's Purposes. Chicago: Moody Publishers, 1996, p. 88.

Esse conceito é fundamental para a compreensão de como resistir às artimanhas do inimigo, pois a satisfação em Deus desarma as tentações e mentiras que o Diabo utiliza para desviar os crentes do caminho da verdade.

George Müller, um cristão conhecido por fundar e administrar orfanatos na Inglaterra, acreditava firmemente que o primeiro dever de todo cristão é contentar e satisfazer sua alma em Deus. Müller relatava como passava tempo com o Senhor todas as manhãs até que sua alma estivesse "feliz em Deus". Esse deleite em Deus, como observou Müller, é um meio poderoso de combater as seduções de Satanás, que muitas vezes tenta atrair os crentes com "ouro de tolo" — promessas vazias que não podem trazer a verdadeira felicidade e satisfação.[96]

A teologia reformada também enfatiza a importância de encontrar alegria em Deus como um modo de vida que transcende as circunstâncias terrenas e desarma as ofertas enganosas do Diabo. O Breve Catecismo de Westminster, elaborado em 1647, afirma que "o fim supremo e principal do homem é glorificar a Deus e gozá-lo plena e eternamente".[97] Sobre isso, John Piper, em sua obra *Desiring God*, afirma que "Deus é mais glorificado em nós quando estamos mais satisfeitos Nele".[98] Esse princípio teológico reforça a ideia de que a verdadeira satisfação em Deus é uma barreira contra as tentações do mundo, que são, em última instância, orquestradas por Satanás.

Apesar do poder transformador do deleite em Deus, o Diabo continua a empregar uma série de estratégias para desviar os crentes. A Bíblia o descreve como um ser astuto e enganador, cujas táticas são diversas e adaptáveis. Em Colossenses 2.8, Paulo

---

[96] Pierson, 1899, p. 233.

[97] PIPER, John. Em busca de Deus: plenitude da alegria cristã. São Paulo: Shedd Publicações, 2001, p. 6.

[98] Idem, p. 18.

adverte contra as falsas filosofias que são promovidas pelo Diabo para enganar as mentes dos incautos. Essas filosofias são frequentemente revestidas de sabedoria humana, mas carecem da verdade divina, sendo um dos métodos pelos quais ele semeia confusão e erro entre os crentes.

Além disso, o Diabo dá poder a falsas religiões (cf. 1Coríntios 10.20) e a falsos ministros (cf. 2Coríntios 11.14-15), que, sob o disfarce de piedade, conduzem as pessoas à destruição espiritual. Como aponta C.S. Lewis em *The Screwtape Letters*, "as mentiras mais eficazes são aquelas que contêm um grão de verdade".[99] O Diabo se aproveita dessa sutileza para enganar os crentes, apresentando falsidades como se fossem verdades parciais ou distorcidas.

Entre suas muitas táticas, o Diabo:

- Promove falsas doutrinas: Ele é descrito como um falsificador da verdade, que fabrica falsas doutrinas para desviar os crentes da fé genuína (cf. 1Timóteo 4.1).
- Semeia falsos discípulos: Em Mateus 13.24-30, Jesus fala da parábola do joio, onde o inimigo semeia ervas daninhas entre o trigo. Esse ato de semear falsos discípulos evidencia a estratégia de Satanás de misturar falsidade com verdade dentro da comunidade de fé.
- Influencia governos: Daniel 10.13 e Apocalipse 16.13-16 mencionam a influência diabólica sobre as autoridades e governos, que servem a seus objetivos malignos.
- Engana e cega os perdidos: 2Coríntios 4.4 afirma que o Diabo cega as mentes dos incrédulos, para que não vejam a luz do Evangelho. Ele também embriaga e captura os perdidos, mantendo-os presos em suas mentiras (cf. 2Timóteo 2.26).

---

[99] Lewis, C. S. The Screwtape Letters. New York: HarperCollins, 2001, p. 32.

- Incita à perseguição: Em Apocalipse 2.10, o Diabo é descrito como o instigador da perseguição contra os crentes, buscando silenciá-los e desmoralizá-los.
- Promove divisão e discordância: 2Coríntios 2.10-11 revela que Satanás promove a divisão e a discordância entre os crentes, minando a unidade que Cristo desejou para Sua Igreja.
- Suscita dúvidas: Desde o Jardim do Éden, o anjo caído usa a dúvida como uma arma de grande eficácia para desviar os crentes da confiança em Deus (cf. Gênesis 3.1-5).

Talvez o maior engano do Diabo seja convencer as pessoas de que não precisam de Jesus Cristo como seu Salvador. João 8.44 descreve-o como "o pai da mentira", cuja estratégia máxima é afastar as almas da verdade redentora do Evangelho. Como observa Erwin Lutzer, "o Diabo trabalha incessantemente para obscurecer o evangelho, fazendo com que o pecado pareça inofensivo e a graça de Deus irrelevante".[100]

Essa estratégia do Diabo culmina em sua tentativa de fazer com que as pessoas acreditem que podem encontrar satisfação e realização fora de Cristo. Ele não busca apenas destruir abertamente, mas seduzir de forma sutil e perigosa.

A atividade do Diabo após a vitória de Cristo

A Bíblia é clara ao afirmar que o Diabo é um inimigo derrotado. Sua cabeça foi esmagada na cruz pelo Rei vitorioso, nosso Senhor Jesus Cristo. O Novo Testamento oferece ampla evidência desse fato: Romanos 8.37, 2Coríntios 2.14-16, Colossenses 2.15, Apocalipse 3.21, 5.5 e 12.11 testemunham a vitória de Cristo sobre Satanás e suas forças. No entanto, isso levanta uma questão muito prática

---

[100] LUTZER, Erwin W. The Serpent of Paradise: The Incredible Story of How Satan's Rebellion Serves God's Purposes. Chicago: Moody Publishers, 1996, p. 85.

e teológica: se o Diabo foi vencido, por que ainda enfrentamos batalhas espirituais? Se já foi derrotado, por que continua sendo um inimigo tão formidável?

Para entender por que Satanás continua ativo, apesar de ter sido derrotado, precisamos compreender a natureza da vitória de Cristo na cruz. John Stott, em seu clássico *A Cruz de Cristo*, oferece uma visão esclarecedora sobre esse tema. Ele afirma que "o que o Novo Testamento afirma, de forma direta e desinibida, é que, na cruz, Jesus desarmou e triunfou sobre o Diabo e todos os 'principados e potestades' sob seu comando".[101] Essa declaração sublinha que a vitória de Cristo foi definitiva e completa no âmbito espiritual e legal. A Cruz não foi apenas um evento de sofrimento, mas um ato de guerra espiritual no qual as forças do mal foram desarmadas e derrotadas.

Stott descreve o triunfo sobre o Diabo como se desenvolvendo em seis etapas distintas:

- A vitória proclamada: A Cruz foi o anúncio da derrota do Diabo. Colossenses 2.15 nos diz que Jesus "despojando os poderes e as autoridades, expôs eles publicamente ao desprezo, triunfando sobre eles na cruz". Isso significa que a cruz foi o palco onde a vitória de Cristo sobre as forças do mal foi abertamente declarada.
- A derrota inicial: No momento da ressurreição de Jesus, a vitória começou a ser efetivada. Cristo ressuscitou, demonstrando poder sobre a morte e Satanás, que até então havia exercido domínio sobre a humanidade através do pecado e da morte (cf. Hebreus 2.14).
- A batalha continuada: Embora a vitória de Cristo tenha sido garantida na cruz, a batalha contra as forças do mal

[101] Stott, John. A Cruz de Cristo. Edições Vida Nova, 1986, p. 223.

continua até o fim dos tempos. Stott observa que, embora o Diabo tenha sido derrotado, ele ainda luta uma "guerra de guerrilha" contra os crentes, tentando causar estragos enquanto espera sua condenação final.[102]

- A liberdade dos cativos: Através da cruz, Cristo libertou aqueles que estavam cativos ao pecado e sob o domínio de Satanás. Essa libertação é progressiva, à medida que o Evangelho se espalha e as pessoas são resgatadas das trevas para o Reino da luz.
- O Reino inaugurado: A vitória de Cristo também inaugurou o Reino de Deus na Terra, embora seu cumprimento pleno ainda esteja por vir. Jesus já reina como Rei, mas esse reinado será plenamente estabelecido no futuro, quando toda a criação estiver sujeita ao Seu governo (cf. 1Coríntios 15.24-28).
- A consumação final: A etapa final da derrota do Diabo ocorrerá no fim dos tempos, quando ele será lançado no lago de fogo, conforme descrito em Apocalipse 20.10. Nesse momento, toda resistência será aniquilada e a vitória de Cristo será visível e completa para toda a criação.

---

102 STOTT, John. A Cruz de Cristo. Edições Vida Nova, 1986, p. 227.

CAPÍTULO 3

O DIABO JÁ FOI VENCIDO: A VITÓRIA DO TERCEIRO ÉDEN

A CRUCIFICAÇÃO DE Jesus Cristo não foi apenas um evento histórico de sofrimento e morte; foi, acima de tudo, o anúncio definitivo da derrota do Diabo e suas hostes malignas. Em Colossenses 2.15, Paulo afirma que Jesus "despojando os poderes e as autoridades, expôs eles publicamente ao desprezo, triunfando sobre eles na cruz". Essa passagem revela a dimensão cósmica da Cruz, onde as forças do mal, lideradas pelo Diabo, foram derrotadas de maneira pública e inegável.[1]

A palavra "despojar" usada por Paulo vem do termo grego *ἀπεκδύομαι*, *apekdúomai*, que pode ser traduzido como "despir", "desarmar" ou "despojar de poder".[2] Esse termo indica que Cristo, em sua morte e ressurreição, retirou todo o poder e autoridade que o Diabo e seus demônios tinham sobre a humanidade. Como observa N.T. Wright, "a cruz foi o momento em que as forças

---

[1] "A quinta e última metáfora para descrever o significado da Cruz é uma completa reversão da imagem da cruz no versículo anterior. Da ideia da cruz como símbolo de destruição, o pensamento é transformado na imagem de triunfo público". DUNN, James G. The Epistles to the Colossians and Philemon: A commentary on greek text (The New International Greek Testament Commentary). Grand Rapids: Eerdmans, 1996, p. 166.

[2] BAUER, W., DANKER, F. W., ARNDT, W. F., & GINGRICH, F. W. A Greek-English Lexicon of the New Testament and Other Early Christian Literature (3ª ed.). Chicago: University of Chicago Press., 2000, p. 88. MONTANARI, Franco. The Brill Dictionary of Ancient Greek. Leiden: Brill, 2015, p. 233.

do mal foram despojadas de sua pretensa autoridade, suas armas espirituais foram removidas, e seu domínio sobre o mundo foi publicamente anulado".[3]

Além disso, Paulo menciona que essas forças foram "expostas publicamente", *δειγμάτισεν ἐν παρρησίᾳ, edeigmatisen en parresia,* o que sugere uma humilhação aberta e notória. Essa exposição pública não foi apenas um evento simbólico, mas uma declaração aberta e triunfante de que o Diabo e seus exércitos foram subjugados pelo poder redentor de Cristo. Em termos militares da época, isso pode ser comparado a um desfile triunfal onde os inimigos derrotados eram exibidos como prova do poder do conquistador.[4]

A cruz, até então vista como um símbolo de derrota e vergonha[5], foi, na realidade, o palco onde a maior vitória do cosmos foi alcançada. Como R.C. Sproul coloca: "O que parecia ser a maior derrota de Jesus — sua morte na cruz — foi na verdade o meio pelo qual Ele conquistou a maior vitória, subjugando as forças das trevas que escravizavam o mundo".[6] Esse paradoxo, onde a fraqueza aparente se transforma em força, é central para a teologia cristã da cruz. Como disse brilhantemente Lutero, no Debate de Heidelberg:

> Deus, por sua vez, quis ser reconhecido a partir dos sofrimentos e quis reprovar aquela sabedoria das coisas invisíveis através da sabedoria das coisas visíveis [...] Assim, não basta nem adianta a ninguém conhecer a Deus em glória e majestade se não o conhece também na humildade e na ignomínia da cruz. Desta maneira ele

---

[3] WRIGHT, N.T. The Day the Revolution Began: Reconsidering the Meaning of Jesus's Crucifixion. New York: HarperOne, 2000, p. 140.

[4] DUNN, James G. The Epistles to the Colossians and Philemon: A commentary on greek text (The New International Greek Testament Commentary). Grand Rapids: Eerdmans, 1996, p. 168.

[5] Para análise detalhada da Crucificação nos primeiros séculos, ver HENGEL, Martin. Crucifixion. Philadelphia: Fortress Press, 1977.

[6] SPROUL, R.C. The Cross of Christ. Wheaton, IL: Crossway, 1997, p. 98.

> destrói a sabedoria dos sábios, etc., conforme diz Isaías: "Verdadeiramente tu és Deus abscôndito". (Is 45.15) [...] Portanto, no Cristo crucificado é que estão a verdadeira teologia e o verdadeiro conhecimento de Deus. [7]

Através da cruz, Jesus despojou as forças do mal de sua capacidade de acusar, condenar e manter as almas cativas. Antes disso, o Diabo tinha uma espécie de autoridade sobre os seres humanos devido ao pecado. No entanto, a morte expiatória de Cristo satisfez a justiça de Deus, removendo o poder do Diabo para acusar aqueles que estão em Cristo. Charles Hodge, um renomado teólogo, explica que "a cruz destruiu o poder de Satanás ao remover a base de sua acusação contra os crentes — o pecado. Uma vez que o pecado foi pago, a força do poder de Satanás foi quebrada".[8]

O fato de que a Cruz foi o anúncio da derrota do Diabo tem profundas implicações para a vida cristã. Isso significa que os crentes não lutam por vitória, mas a partir da vitória já conquistada por Cristo. Em outras palavras, a guerra espiritual que os cristãos enfrentam é travada em um campo de batalha onde a vitória final já foi assegurada. Como escreve John Stott, "a vitória de Cristo na cruz nos garante que, embora as batalhas continuem, o resultado final nunca está em dúvida". [9]

A compreensão de que Satanás foi despojado e exposto publicamente na cruz também oferece aos cristãos a certeza de que, embora ainda seja um inimigo ativo, ele já foi derrotado e sua derrota final está assegurada. Essa verdade fortalece os crentes na luta contra o pecado e as tentações, sabendo que "aquele que está em vocês é maior do que aquele que está no mundo" (cf. 1João 4.4).

---

[7] Lutero, Martinho. Obras Selecionadas: Volume 1. São Leopoldo: Sinodal, 1987, p. 49-50.

[8] Hodge, Charles. Systematic Theology. New York: Scribner, Armstrong & Co., 1871, p. 350.

[9] Stott, John. A Cruz de Cristo. Edições Vida Nova, 1986, p. 223.

A derrota inicial: A ressurreição como a efetivação da vitória sobre o Diabo

A ressurreição de Jesus Cristo é um evento central no cristianismo, não apenas por representar a vitória sobre a morte, mas também por marcar o início da efetivação da derrota do Diabo e suas forças malignas. A vitória conquistada na Cruz foi confirmada e inaugurada de forma decisiva com a ressurreição de Cristo, demonstrando que Ele tem poder absoluto sobre a morte, o pecado e Satanás.

O autor de Hebreus 2.14 afirma: "Portanto, visto que os filhos têm participação comum de carne e sangue, desses também ele igualmente participou, para que, por sua morte, destruísse aquele que tem o poder da morte, a saber, o Diabo". Esse versículo encapsula a teologia da ressurreição como a culminação da vitória de Cristo sobre a morte e, consequentemente, sobre Satanás. A morte, que havia sido o maior instrumento de poder de Satanás sobre a humanidade desde a Queda, foi desarmada pela ressurreição de Jesus.

N.T. Wright, em sua obra *The Resurrection of the Son of God*, observa que "a ressurreição de Jesus foi a declaração poderosa de que o novo Reino de Deus havia sido inaugurado e que o poder de Satanás havia sido efetivamente quebrado".[10] A ressurreição, portanto, não foi apenas um retorno à vida, mas um avanço do Reino de Deus, onde a morte não mais reinaria como a última palavra sobre a existência humana.

Antes da ressurreição de Cristo, Satanás exercia domínio sobre a humanidade através do pecado e da morte. O pecado, introduzido no mundo pela desobediência de Adão e Eva, trouxe a morte como consequência inevitável (cf. Romanos 5.12). Satanás usava esse poder para manter a humanidade cativa, pois, como "o salário do

---

[10] Wright, N.T. The Resurrection of the Son of God. Minneapolis: Fortress Press, 2003, p. 332.

pecado é a morte" (Romanos 6.23), ele podia acusar e condenar a humanidade diante de Deus.[11]

Contudo, com a ressurreição de Cristo, esse domínio foi quebrado. Como explica John Owen, em sua obra clássica *The Death of Death in the Death of Christ*, "Cristo, ao ressurgir dos mortos, não apenas invalidou o poder de Satanás, mas destruiu o que Satanás usava para manter os homens escravizados — o medo da morte. A ressurreição de Cristo garante que aqueles que estão Nele não mais estão sujeitos ao domínio da morte e, portanto, não estão mais sob o domínio de Satanás".[12]

A ressurreição de Jesus não foi apenas uma reversão da morte, mas o início de uma nova criação, na qual o poder de Satanás é progressivamente enfraquecido. A partir da ressurreição, o Reino

---

[11] Romanos 5 é um capítulo crucial na epístola, onde Paulo desenvolve a doutrina da justificação pela fé e contrasta os efeitos do pecado de Adão com a obra redentora de Cristo. Romanos 5.12 marca o início de uma seção que descreve as consequências do pecado original de Adão. Paulo se refere a Adão como a figura histórica através de quem o pecado entrou no mundo. Ele apresenta o pecado como um evento ou condição que tem início com a desobediência de Adão no Jardim do Éden (cf. Gênesis 3). Adão é visto como a cabeça representativa da humanidade, e seu ato de desobediência afeta toda a raça humana. O pecado de Adão trouxe consigo uma consequência inevitável: a morte. O conceito de morte aqui é entendido de forma ampla, incluindo tanto a morte física quanto a morte espiritual (separação de Deus). O Novo Testamento frequentemente vincula a morte diretamente ao pecado (cf. 1 Coríntios 15.21-22). Paulo afirma que a morte, como resultado do pecado, não se limitou a Adão, mas se espalhou para toda a humanidade. Isso indica a ideia de que a corrupção do pecado foi transmitida a todos os seres humanos, resultando em morte universal. Romanos 6 trata da nova vida do crente em Cristo, destacando a transformação que ocorre naqueles que são libertos do poder do pecado através de sua união com Cristo. Paulo contrasta a escravidão ao pecado com a nova liberdade que resulta em santificação e vida eterna. Paulo usa a palavra "salário" (ὀψώνια, opsōnia), que era uma palavra comum para os pagamentos feitos a soldados. A metáfora sugere que o pecado, assim como um senhor ou empregador, paga aqueles que o servem. O pagamento, no entanto, não é algo desejável, mas é a morte. Isso não se refere apenas à morte física, mas também à morte espiritual e eterna — a separação de Deus.

[12] OWEN, John. The Death of Death in the Death of Christ. Edinburgh: Banner of Truth Trust, 1647, p. 85.

de Deus começa a se manifestar de maneira mais plena na Terra, e a derrota de Satanás começa a ser efetivada na experiência dos crentes. Como afirma Jürgen Moltmann, "a ressurreição de Cristo é o evento escatológico que inaugura a nova era, onde o poder de Satanás é quebrado e o reino de Deus começa a invadir o mundo presente".[13]

Esse processo de derrota progressiva de Satanás, iniciado com a ressurreição, continua até os dias de hoje, enquanto o Evangelho é pregado e as pessoas são libertas do poder do pecado e da morte. A ressurreição, portanto, não é apenas um evento passado, mas um marco que continua a influenciar a realidade espiritual e a história humana.

Para os crentes, a ressurreição de Cristo significa que o poder de Satanás sobre suas vidas foi quebrado. Embora ainda enfrentem tentações e sofram os efeitos do pecado no mundo, eles não estão mais sob o domínio do pecado e da morte. Como Paulo escreve em Romanos 6.9, "sabemos que Cristo, tendo ressuscitado dentre os mortos, já não morre; a morte já não tem domínio sobre ele". Essa verdade assegura aos crentes que, embora Satanás ainda seja ativo, ele não tem mais o poder final sobre suas vidas.

A ressurreição também oferece aos crentes a esperança de sua própria ressurreição futura e a plena participação na nova criação que Deus está trazendo à existência. A derrota inicial de Satanás na ressurreição de Cristo garante que a derrota final está por vir, quando Satanás será definitivamente lançado no lago de fogo (cf. Apocalipse 20.10).

A batalha continuada: A guerra de guerrilha do Diabo

Embora a vitória de Cristo sobre o Diabo e as forças do mal tenha sido garantida na Cruz, a batalha espiritual continua a ser travada

[13] MOLTMANN, Jürgen. Theology of Hope. New York: Harper & Row, 1968, p. 211.

até o fim dos tempos. A vitória de Cristo foi definitiva, mas ainda não foi completamente estabelecida em todos os aspectos da criação. Até que essa vitória seja plenamente manifestada, Satanás continua a lutar, empregando táticas de guerrilha para causar estragos entre os crentes e impedir o avanço do Reino de Deus.

John Stott, em *A Cruz de Cristo*, descreve a atividade contínua do Diabo como uma "guerra de guerrilha" contra os crentes. Stott observa que, embora ele tenha sido derrotado pela morte e ressurreição de Cristo, ainda resiste, tentando infligir o máximo de danos possível enquanto espera sua condenação final.[14] Esse conceito sugere que Satanás, reconhecendo sua derrota inevitável, adota táticas furtivas, ataques surpresa e métodos indiretos para tentar minar a fé dos crentes e causar divisões na igreja.

Ao contrário de um inimigo que luta abertamente em uma batalha convencional, o Diabo recorre a esquemas sutis e enganosos para atingir seus objetivos. Ele ataca onde os crentes estão mais vulneráveis, utiliza falsas doutrinas, promove divisões e semeia dúvidas e desespero. Seu objetivo não é vencer uma batalha já perdida, mas causar tanto dano quanto possível enquanto aguarda sua sentença final.[15]

A continuidade da batalha espiritual após a vitória de Cristo na cruz é uma realidade presente na vida de todo cristão. Paulo, em Efésios 6.12, adverte que "nossa luta não é contra sangue e carne, e sim contra os principados e potestades, contra os dominadores deste mundo tenebroso, contra as forças espirituais do mal nas regiões celestiais". Essa passagem deixa claro que, embora a nossa vitória final esteja assegurada, os crentes continuam a enfrentar a oposição ativa das forças malignas.

N.T. Wright explica que, "embora a cruz tenha inaugurado a derrota de Satanás, ele continua a agir como um inimigo

---

[14] STOTT, John. A Cruz de Cristo. Edições Vida Nova, 1986, p. 227

[15] STOTT, John. A Cruz de Cristo. Edições Vida Nova, 1986, p. 227.

desesperado, empregando todas as suas artimanhas para tentar reverter o irreversível".[16] Isso significa que os crentes não devem ser complacentes, mas sim estar constantemente vigilantes e equipados com a armadura de Deus para resistir às investidas do inimigo.

A analogia da "tática de guerrilha" também ressalta a importância da resistência ativa. Como o apóstolo Tiago aconselha em sua epístola, "sujeitem-se a Deus, mas resistam ao Diabo, e ele fugirá de vocês" (Tiago 4.7). A resistência, nesse contexto, não é passiva, mas envolve uma ação consciente de submeter-se a Deus e de se opor ativamente às tentações e ataques diabólicos.

A liberdade dos cativos: A libertação progressiva através da Cruz

A vitória de Cristo na cruz não apenas derrotou o Diabo e suas forças, mas também inaugurou a libertação dos cativos — aqueles que estavam presos ao pecado e sob o domínio de Satanás. Através da obra redentora de Cristo, as correntes que mantinham a humanidade cativa foram quebradas e uma nova era de liberdade espiritual foi inaugurada. No entanto, essa libertação, embora garantida na cruz, é progressiva e se desenrola à medida que o Evangelho é pregado e as pessoas passam das trevas para o Reino da luz.

A cruz de Cristo é o ponto central da libertação da humanidade. Colossenses 1.13-14 declara que Deus "nos libertou do império das trevas e nos transportou para o reino do seu Filho amado, no qual temos a redenção, a remissão dos pecados". Essa passagem sublinha o fato de que, através da cruz, aqueles que estavam cativos ao pecado foram resgatados do domínio de Satanás e introduzidos em um novo governo — o Reino de Deus.[17]

---

[16] Wright, N.T. The Day the Revolution Began: Reconsidering the Meaning of Jesus's Crucifixion. New York: HarperOne, 2000, p. 147.

[17] Calvino, João. Gálatas, Efésios, Filipenses e Colossenses (Série Comentários Bíblicos). São José dos Campos: Fiel, 2013, p. 273.

Jürgen Moltmann, em *The Crucified God*, descreve a Cruz como o ato supremo de libertação: "Na cruz, Cristo se identificou com aqueles que estavam oprimidos e cativos, carregando o peso do pecado e da morte, e, ao fazê-lo, rompeu o poder que Satanás tinha sobre a humanidade".[18] A Cruz não foi apenas um ato de sacrifício, mas uma ação decisiva que mudou o curso da história humana, estabelecendo a base para a libertação de todos os que estavam presos nas cadeias do pecado.

Embora a obra de Cristo na cruz tenha garantido a vitória e a libertação dos cativos, essa libertação é progressiva. À medida que o Evangelho é proclamado e recebido, pessoas ao redor do mundo são resgatadas das trevas e transferidas para o Reino da luz. Isso implica que a libertação dos cativos não é um evento único, mas um processo contínuo que ocorre à medida que o poder redentor de Cristo é aplicado na vida das pessoas. Essa libertação progressiva reflete o avanço do Reino de Deus na Terra, à medida que mais e mais pessoas são libertadas do domínio de Satanás e experimentam a vida nova em Cristo. N.T. Wright ressalta esse aspecto progressivo em *Surprised by Hope*:

> A cruz e a ressurreição de Jesus lançaram as bases para uma nova criação, onde a libertação do cativeiro ao pecado e à morte é experimentada gradualmente, à medida que o evangelho penetra cada vez mais profundamente nas vidas das pessoas e nas estruturas da sociedade.[19]

O cativeiro ao qual a humanidade estava sujeita antes da Cruz era total. Como Paulo escreve em Romanos 6.17, éramos escravos do pecado. Esse cativeiro espiritual significava que as pessoas estavam sob o controle do pecado e de Satanás, incapazes de se

---

[18] MOLTMANN, Jürgen. Theology of Hope. New York: Harper & Row, 1968, p. 208.

[19] WRIGHT, N. T. Surprised by Hope: Rethinking Heaven, the Resurrection, and the Mission of the Church. HarperOne, 2008, p. 207.

libertar por conta própria. A morte e ressureição de Jesus, no entanto, mudou essa realidade, proporcionando uma libertação que é experimentada pessoalmente quando alguém responde com fé ao Evangelho.

A importância da pregação do Evangelho, portanto, não pode ser subestimada. É através da proclamação das Boas-Novas de Jesus Cristo que as pessoas são confrontadas com a verdade de sua condição e apresentadas à oferta de libertação. Como Paulo afirma em Romanos 10.14-15, "como, porém, invocarão aquele em quem não creram? E como crerão naquele de quem nada ouviram? E como ouvirão, se não há quem pregue? E como pregarão, se não forem enviados? Como está escrito: 'Quão formosos são os pés dos que anunciam coisas boas!" A pregação do Evangelho é o meio pelo qual a libertação garantida na cruz é aplicada na vida das pessoas.

Portanto, aqueles que são libertados do cativeiro do pecado através da cruz de Cristo são transferidos para um novo domínio — o Reino da luz. Esse é um Reino onde a verdade, a justiça e a paz prevalecem, em contraste com as trevas, caracterizadas pela mentira, pela injustiça e pela morte. A transferência para o Reino da luz implica uma nova identidade e um novo modo de vida, no qual os crentes agora vivem sob o senhorio de Cristo e não mais sob o domínio de Satanás.

Dietrich Bonhoeffer, em *The Cost of Discipleship*, descreve essa nova realidade como uma chamada para viver em conformidade com os valores do Reino de Deus:

> Ser libertado por Cristo significa ser chamado para viver uma vida que reflete a luz do evangelho em um mundo que ainda está em grande parte nas trevas. A liberdade em Cristo não é apenas uma liberdade do pecado, mas uma liberdade para viver de maneira que glorifique a Deus.[20]

---

[20] Bonhoeffer, Dietrich. The Cost of Discipleship. New York: Macmillan, 1937, p. 98.

O Reino inaugurado: O reinado de Cristo e a expectativa de Sua plenitude

A vitória de Cristo na cruz não apenas assegurou a derrota do Diabo e a libertação dos cativos, mas também inaugurou o Reino de Deus na Terra. Esse Reino, embora presente, ainda não foi plenamente estabelecido; estamos em um período de "já e ainda não" em que Jesus reina como Rei, mas o cumprimento total de Seu reinado ocorrerá no futuro, quando toda a criação será finalmente sujeita ao Seu governo.

A cruz e a ressurreição de Cristo marcaram o início do Reino de Deus na Terra. Jesus, ao derrotar o pecado, a morte e Satanás, estabeleceu Seu domínio sobre todas as coisas. Em Marcos 1.15, Jesus proclama: "O tempo está cumprido, e o Reino de Deus está próximo; arrependam-se e creiam no evangelho". Essa declaração não apenas anuncia a chegada do Reino, mas também sinaliza que o governo de Deus começou a se manifestar de maneira nova e poderosa através de Cristo.

N.T. Wright, em *How God Became King*, argumenta que "o reino de Deus, inaugurado por Jesus, é o começo da realização das promessas de Deus de restaurar a criação, quebrando o poder do mal e estabelecendo a justiça e a paz".[21] Para Wright, a Cruz não foi apenas um ato de redenção pessoal, mas um evento cósmico que iniciou a transformação do mundo sob o senhorio de Cristo.

Atualmente, Cristo já reina como Rei. Esse reinado é descrito como um domínio espiritual que se estende sobre o coração e a vida dos crentes. Segundo Colossenses 1.13-14, essa transferência para o Reino de Cristo implica que os crentes já estão vivendo sob o governo de Jesus, desfrutando das bênçãos de Sua autoridade. No entanto, o reinado de Cristo, embora presente, não é ainda

---

[21] Wright, N.T. How God Became King: The Forgotten Story of the Gospels. New York: HarperOne, 2012, p. 98.

totalmente visível ou manifesto em todas as áreas da existência. Como aponta George Ladd em *The Gospel of the Kingdom*, "o reino de Deus é tanto uma realidade presente quanto uma esperança futura. Ele já está entre nós, mas seu cumprimento pleno só virá no fim dos tempos".[22] Esse entendimento nos ajuda a viver na tensão entre o que Jesus já realizou e o que Ele ainda realizará.

1Coríntios 15.24-28 oferece uma visão do cumprimento final do Reino de Cristo: "E, então, virá o fim, quando ele entregar o Reino ao Deus e Pai, quando houver destruído todo principado, bem como toda potestade e poder. Porque é necessário que ele reine até que todos os seus inimigos sejam postos debaixo dos seus pés. O último inimigo a ser destruído é a morte. Porque Deus 'tudo sujeitou debaixo dos pés dele'. Mas, quando diz que todas as coisas lhe estão sujeitas, é claro que isso não inclui aquele que tudo sujeitou a Cristo. E, quando todas as coisas lhe estiverem sujeitas, então o próprio Filho também se sujeitará àquele que todas as coisas lhe sujeitou, para que Deus seja tudo em todos". Esse texto sugere que, embora Jesus já reine, o pleno cumprimento de Seu governo ocorrerá no futuro, quando toda a criação se submeterá ao Seu domínio e o mal será completamente erradicado.

A expectativa do cumprimento pleno do Reino de Deus é uma fonte de esperança para os crentes. Dietrich Bonhoeffer, em *Letters and Papers from Prison*, escreveu sobre a tensão entre o Reino já presente e ainda por vir: "Vivemos em uma era de expectativa, onde o reino de Deus já foi inaugurado, mas ainda esperamos ansiosamente pela sua realização completa. Esta espera é caracterizada pela esperança, pela paciência e pelo trabalho ativo para a manifestação plena do reino de Deus".[23]

---

[22] LADD, George Eldon. The Gospel of the Kingdom: Scriptural Studies in the Kingdom of God. Grand Rapids, MI: Eerdmans, 1959, p. 115.

[23] BONHOEFFER, Dietrich. Letters and Papers from Prison. New York: Macmillan, 1953, p. 123

A realidade do Reino inaugurado de Cristo tem profundas implicações para a vida cristã. Primeiro, significa que os crentes já são cidadãos do Reino de Deus, chamados a viver de acordo com os valores e princípios desse Reino, mesmo em um mundo que ainda está sob a influência do mal. Isso envolve um compromisso ativo com a justiça, a paz e a verdade, refletindo o caráter de Cristo em todas as esferas da vida.

Segundo, significa que os crentes vivem na esperança de que o Reino de Deus será plenamente estabelecido no futuro. Essa esperança não é passiva, mas motivadora, impulsionando os cristãos a trabalharem para o avanço do Reino de Deus, sabendo que seus esforços não são em vão, mas fazem parte do plano redentor de Deus para o mundo.

Finalmente, o reinado atual de Cristo nos dá confiança em meio às lutas e incertezas da vida. Embora o mal ainda esteja presente e ativo, os crentes podem descansar na certeza de que Cristo já venceu e o resultado final está assegurado. Como Paulo escreve em Filipenses 2.9-11, utilizando um hino cristológico já em uso[24], "por isso também Deus o exaltou soberanamente e lhe deu o nome que é sobre todo nome, para que ao nome de Jesus se dobre todo joelho, nos céus, na terra e debaixo da terra, e toda língua confesse que Jesus Cristo é o Senhor, para a glória de Deus Pai".

A consumação final: A derrota definitiva do Diabo

A vitória de Cristo na cruz e sua ressurreição inauguraram o processo de derrota do Diabo e do mal, mas a consumação final dessa vitória ocorrerá no fim dos tempos, conforme descrito em Apocalipse 20.10. Esse momento marcará o clímax da história redentora de Deus, quando o Diabo será lançado no lago de fogo

[24] Hurtado, Larry. Lord Jesus Christ. Grand Rapids: Eerdmans, 2003, p. 147.

e enxofre, e toda resistência ao governo de Cristo será aniquilada. A vitória de Cristo será finalmente visível e completa, não apenas no âmbito espiritual, mas para toda a criação.

Apocalipse 20.10 descreve o destino do Diabo: "E o diabo, que os enganava, foi lançado no lago de fogo e enxofre, onde já estavam a besta e o falso profeta, e serão atormentados dia e noite, para todo o sempre". Essa imagem apocalíptica representa a derrota absoluta de nosso inimigo, quando ele não terá mais poder ou influência sobre a criação. A consumação final não é apenas uma derrota simbólica, mas a eliminação completa de sua capacidade de causar dano, enganar ou se opor ao Reino de Deus.

George Eldon Ladd, em *A Theology of the New Testament*, observa que a consumação final não é apenas o fim da história, mas o cumprimento do propósito redentor de Deus. Na consumação, todas as coisas serão submetidas a Cristo, e todo poder, incluindo o de Satanás, será destruído.[25] A derrota final do Diabo é, portanto, parte do plano mais amplo de Deus para restaurar a criação à Sua plena glória, como originalmente pretendido.

O lago de fogo, mencionado em Apocalipse, simboliza o julgamento final e irrevogável de Deus sobre o mal. É o lugar de punição eterna, onde o Diabo e seus seguidores receberão a justiça divina por sua rebelião. O lago de fogo representa a culminação da justiça de Deus, onde todo mal será finalmente erradicado da criação. Não haverá mais espaço para o pecado, a morte ou a rebelião; tudo estará sujeito à santidade e ao governo eterno de Deus. Esse julgamento final é essencial para a teologia cristã, pois estabelece a base para a nova criação, onde "Deus será tudo em todos" (1Coríntios 15.28). A eliminação de Satanás e de todo o mal é necessária para a realização plena do Reino de Deus, onde a paz, a justiça e a verdade reinarão para sempre.

---

[25] LADD, George Eldon. A Theology of the New Testament. Revised ed., Grand Rapids, MI: Eerdmans, 1993, p. 620.

No fim dos tempos, a vitória de Cristo, que já foi assegurada na cruz, será plenamente visível para toda a criação. Em Filipenses 2.10-11, Paulo escreve que "ao nome de Jesus se dobre todo joelho, nos céus, na terra, e debaixo da terra, e toda língua confesse que Jesus Cristo é o Senhor, para glória de Deus Pai".[26] Esse reconhecimento universal da soberania de Cristo ocorrerá quando o Diabo for definitivamente derrotado e seu poder anulado.

A consumação final é, portanto, o momento em que o reinado de Cristo será visível e reconhecido por todos, tanto os redimidos quanto os condenados. Herman Bavinck, em *Reformed Dogmatics,* explica que "a consumação final não apenas completa a obra de Cristo, mas também revela a plenitude de Sua vitória, que já foi realizada, mas que então será manifesta a todos, sem oposição ou resistência".[27]

A expectativa da consumação final tem profundas implicações para a escatologia cristã. Primeiro, ela assegura aos crentes que a batalha que enfrentam agora é temporária e que o mal não triunfará. O fim da história, conforme revelado em Apocalipse, é a vitória definitiva de Cristo e a eliminação de todo mal. Segundo, a consumação final encoraja os crentes a perseverarem na fé, sabendo que o sofrimento presente não se compara com a glória que será revelada (cf. Romanos 8.18). A certeza de que o Diabo será derrotado de maneira completa e final fortalece a esperança cristã, sustentando os crentes em meio às provações.

Finalmente, a consumação final motiva a missão da igreja. Sabendo que o fim está assegurado, os crentes são chamados a proclamar o Evangelho e a preparar o caminho para o retorno de Cristo, trabalhando para a expansão do Reino de Deus enquanto aguardam a consumação de todas as coisas.

---

[26] Para uma análise mais detalhada do texto, ver FEE, Gordon. Pauline Christology: An exegetical-theological study. Peabody: Hendrickson, 2007, p. 393-401.

[27] BAVINCK, Herman. Reformed Dogmatics. Grand Rapids: Baker Academic, 2008, p. 720.

A expectativa da vitória final

Embora a batalha continue, os crentes vivem na esperança da vitória final que foi assegurada pela obra de Cristo. A guerra espiritual faz parte da jornada cristã, mas ela está destinada a ter um fim quando o Filho de Deus retornar para julgar o mundo e estabelecer Seu Reino eterno. Até esse momento, a batalha contra as forças do mal serve como um campo de treinamento espiritual, onde a fé dos seguidores de Jesus é provada e fortalecida.

Dietrich Bonhoeffer, em sua obra *The Cost of Discipleship*, enfatiza que a luta espiritual é um aspecto inevitável da vida cristã autêntica: "A chamada à batalha é uma chamada à vida; é na luta contra o mal que os cristãos encontram a verdadeira expressão de sua fé e compromisso com Cristo".[28] A luta contínua, portanto, não deve ser vista como uma falha da vitória de Cristo, mas como parte do plano divino para moldar o caráter e a fidelidade dos crentes até o seu retorno.

Este capítulo abordou de maneira profunda e detalhada a vitória de Cristo sobre o Diabo e suas hostes malignas, evidenciada pela cruz, ressurreição e Reino inaugurado. Contudo, a vitória plena, isto é, a consumação definitiva do propósito divino, ainda aguarda seu clímax no fim dos tempos. Essa conclusão estendida visa consolidar as implicações dessa vitória para a vida cristã e destacar a esperança escatológica que sustenta a fé dos crentes.

A vitória de Cristo sobre o Diabo, como foi enfatizado, é uma realidade já assegurada pela cruz e ressurreição, mas que se desdobra ao longo da história, culminando em um momento de consumação final, onde todo o mal será erradicado. A expectativa dessa vitória final não apenas conforta os crentes, mas também molda sua prática de fé diária, convidando-os a viver à luz de uma vitória que, embora já conquistada, ainda se revelará em toda a sua plenitude.

---

[28] BONHOEFFER, Dietrich. The Cost of Discipleship. New York: Macmillan, 1937, p. 104.

A consumação final, conforme revelada no Apocalipse, não é apenas o término de uma batalha cósmica, mas a consumação da história redentora de Deus, onde o Reino de Cristo será plenamente estabelecido e toda criação será renovada. A visão de que o Diabo e suas forças serão lançados no lago de fogo simboliza a justiça divina sendo completamente satisfeita, e o mal sendo definitivamente removido do cenário da criação. Como nos ensina George Eldon Ladd, essa consumação final é o cumprimento do plano redentor de Deus, onde todas as coisas serão submetidas a Cristo, e todo poder, incluindo o de Satanás, será destruído.[29]

Esse entendimento fortalece a esperança dos crentes de que a luta que enfrentam não é em vão, mas parte de um processo que culminará na plena manifestação do Reino de Deus. É uma esperança que motiva a perseverança em meio às dificuldades, sabendo que "os sofrimentos do tempo presente não podem ser comparados com a glória que em nós há de ser revelada" (Romanos 8.18). Essa perspectiva escatológica também influencia a missão da igreja, que, sabendo que a vitória final está assegurada, é chamada a trabalhar incansavelmente para o avanço do Reino de Deus.

A realidade do "já e ainda não" do Reino de Deus, como discutido ao longo do capítulo, coloca os crentes em uma posição de cidadãos desse Reino, já vivendo sob o senhorio de Cristo, mas ainda aguardando a sua plena realização. Essa tensão entre o presente e o futuro molda a prática cristã, chamando os crentes a viverem de acordo com os valores do Reino de Deus enquanto ainda enfrentam as resistências das trevas. A expectativa de que "ao nome de Jesus se dobrará todo joelho" (Filipenses 2.10) é o incentivo final para que os crentes mantenham sua fidelidade, resistam às tentações do Diabo e permaneçam firmes na fé.

---

[29] Ladd, George Eldon. A Theology of the New Testament. Revised ed., Grand Rapids, MI: Eerdmans, 1993, p. 620.

Por fim, cabe destacar que a vitória de Cristo não apenas assegura a derrota do Diabo, mas também inaugura uma nova criação, onde a paz, a justiça e a santidade prevalecerão. A consumação final é a garantia de que o mal não terá a última palavra, mas que a história terminará com a gloriosa vitória de Cristo, onde "Deus será tudo em todos" (1Coríntios 15.28). Essa é a esperança que sustenta a fé dos crentes e que os impulsiona a viver para a glória de Deus, enquanto aguardam ansiosamente o retorno de Cristo e a plena realização de Seu eterno Reino.

"A vitória de Cristo
não apenas assegura
a derrota do Diabo,
mas também inaugura
uma nova criação,
onde a paz, a justiça
e a santidade
prevalecerão".

PERGUNTAS E RESPOSTAS

NESTE APÊNDICE DE perguntas e respostas, sintetizaremos e esclareceremos as ações e limitações do Diabo à luz da teologia cristã e das Escrituras. Ao longo deste estudo, examinamos a figura de Satanás em suas diversas facetas — como o anjo caído, o adversário da humanidade e o inimigo derrotado por Cristo. Agora, voltamos nossa atenção para uma análise mais objetiva e conclusiva: o que ele efetivamente faz no contexto espiritual e terreno e o que, ao contrário de suas pretensões, ele é incapaz de realizar.

A compreensão do papel do Diabo é crucial para os crentes, pois influencia diretamente a maneira como eles percebem a luta espiritual e as tentações que enfrentam. Desde a queda, ele tem se engajado em uma batalha contínua contra Deus e Sua criação, utilizando táticas de engano, acusação e tentação para desviar os seres humanos do caminho da verdade. Contudo, apesar de sua atividade incessante, a eficácia de Satanás é limitada pela soberania de Deus e pela vitória já conquistada por Cristo na cruz.

Portanto, exploraremos essas realidades, começando com uma revisão das estratégias que o Diabo emprega para tentar exercer influência sobre os crentes e o mundo. Em seguida, abordaremos as áreas nas quais ele é impotente — ações que ele deseja realizar, mas que são, pela graça e poder de Deus, eternamente vedadas a ele. Nossa meta é fornecer uma compreensão clara e equilibrada de Satanás, a partir de perguntas e respostas, para que os crentes possam viver com confiança na vitória de Cristo, discernindo o que o Diabo pode ou não pode fazer.

Ao concluir essa análise, esperamos que os leitores não apenas compreendam melhor as limitações do Diabo, mas que também sejam encorajados a resistir a ele com a certeza de que "aquele que está em vocês é maior do que aquele que está no mundo" (1João 4.4).

O Diabo pode causar doenças e enfermidades?

A questão de saber se o Diabo pode causar doenças e enfermidades tem sido amplamente debatida ao longo da história da teologia, com uma variedade de perspectivas oferecidas por diferentes estudiosos e teólogos. O testemunho das Escrituras, apoiado por exegeses cuidadosas, sugere que Satanás e seus demônios possuem, de fato, a capacidade de infligir sofrimento físico aos seres humanos, embora sob a permissão soberana de Deus.[1]

O exemplo mais notável da atuação do Diabo promovendo doenças é encontrado no Livro de Jó, um dos textos mais antigos da Bíblia. Jó é um exemplo clássico de como o sofrimento pode ser usado como um teste de fé. Satanás, que Archer identifica como o arqui-inimigo de Deus e do homem, propõe que a fidelidade de Jó é condicional à sua saúde e prosperidade. O adversário desafia a Deus, sugerindo que, se Jó fosse atingido em seu corpo, certamente amaldiçoaria o Criador. Em resposta, Deus permite que Satanás afligisse Jó, mas com a restrição de poupar sua vida. O texto em Jó 2.4-8 (ARA) documenta:

> Pele por pele! Sim, tudo quanto o homem tem dará pela sua vida. Estende, porém, a tua mão e toca-lhe nos ossos e na carne, e verás

---

[1] Segundo Heiser, no Judaísmo do Segundo Templo já havia a crença que demônios pudessem causar doenças. HEISER, Michael J. Demons: What the Bible Really Says about the Powers of Darkness. Bellingham: Lexham Press, 2020, p.171.

> se não blasfema contra ti na tua face. E disse o Senhor a Satanás: Eis que ele está na tua mão; poupa-lhe, porém, a vida. Então saiu Satanás da presença do Senhor, e feriu Jó de uma chaga maligna, desde a planta do pé até o alto da cabeça.

Essa passagem é frequentemente citada para demonstrar que, enquanto Satanás possui o poder de causar doenças, ele só pode agir dentro dos limites estabelecidos por Deus. Essa narrativa ilustra a soberania de Deus sobre o mal e seu uso de Satanás como um instrumento para testar e purificar a fé dos seus servos.

Diferentes teólogos ao longo dos séculos têm abordado essa questão com nuances particulares. Os anjos caídos, incluindo o Diabo, possuem o poder de manipular os elementos físicos do mundo, o que incluiria a capacidade de causar doenças. Contudo, tal poder é exercido somente sob a permissão divina, refletindo uma hierarquia estrita em que Deus é o soberano absoluto.

C. S. Lewis, em *The Screwtape Letters,* apresenta uma visão literária e teológica na qual os demônios, sob a direção de Satanás, influenciam o mundo físico e emocional dos humanos, incluindo a indução de enfermidades. Lewis, no entanto, faz questão de notar que essas aflições são usadas pelos demônios para desviar as pessoas de Deus, mas que Deus pode transformar essas mesmas aflições em meios de graça e crescimento espiritual.

Portanto, é certo que afirmar que Satanás tem o poder de causar sofrimento físico. E embora ele tenha capacidade para infligir dor e sofrimento, como no caso de Jó, apenas pode fazê-lo sob a permissão de Deus. Todas as ações de Satanás estão sob o controle soberano de Deus, que as utiliza para cumprir Seus propósitos redentores. Ademais, a atuação de Satanás em causar doenças é limitada não apenas pela permissão divina, mas também pela resistência espiritual dos crentes. Os cristãos têm autoridade para resistir ao Diabo, o que inclui a capacidade de orar contra as doenças causadas por ele.

Além de Jó, outros exemplos bíblicos sugerem que doenças podem ter origem demoníaca. Em Lucas 13.11-16, Jesus cura uma mulher que estava "presa por Satanás" há dezoito anos, indicando que sua doença era causada diretamente por influência demoníaca. Essa passagem reforça a ideia de que as enfermidades podem ter uma origem espiritual e que a missão de Cristo inclui libertar as pessoas de tais opressões.[2]

N.T. Wright, em sua obra *Jesus and the Victory of God*, sugere que as curas realizadas por Jesus frequentemente envolvem a libertação de forças demoníacas, que ele interpreta como um sinal da inauguração do Reino de Deus e da derrota do poder de Satanás.[3] Wright ainda observa que, nos Evangelhos, há uma clara associação entre doenças e atividade demoníaca, sublinhando a crença da época em uma conexão direta entre o físico e o espiritual.

John MacArthur, em *The MacArthur New Testament Commentary*, analisa a cura de possessões demoníacas e doenças no ministério de Jesus, sugerindo que muitas dessas doenças eram causadas

---

[2] A passagem de Lucas 13.11-16 narra a cura de uma mulher que sofria há dezoito anos com uma enfermidade descrita como causada por um espírito de enfermidade. A análise desse texto revela aspectos importantes da teologia do Novo Testamento em relação às doenças e à missão de Cristo. Jesus estava ensinando em uma sinagoga em dia de sábado (v. 10), quando observou uma mulher que estava encurvada e não conseguia se endireitar (v. 11). Lucas, sendo médico e detalhista em seus relatos, destaca que a condição dessa mulher era provocada por um "espírito de enfermidade". Isso sugere que, além de uma doença física, havia uma dimensão espiritual envolvida. No verso 16, Jesus diz que essa mulher estava "presa por Satanás" há dezoito anos. Aqui, o texto liga diretamente a doença à ação demoníaca, o que é consistente com outras passagens do Novo Testamento, onde enfermidades são associadas a influências espirituais (cf. Mateus 9.32-33; Marcos 9.25). Esse tipo de narrativa reforça a ideia de que, no ministério de Jesus, há uma luta não apenas contra as doenças físicas, mas também contra as forças do mal que oprimem as pessoas. Nesse caso, a libertação da mulher incluiu a cura física e a libertação espiritual.

[3] WRIGHT, N.T. Jesus and the Victory of God. Minneapolis: Fortress Press, 1996.

por forças demoníacas. MacArthur argumenta que a autoridade de Jesus sobre as enfermidades demonstra seu domínio sobre as trevas, incluindo sobre o poder do Diabo.[4]

Por fim, Derek Prince, em *They Shall Expel Demons*, argumenta que a influência demoníaca pode se manifestar em enfermidades físicas e que o ministério de libertação é essencial para a saúde espiritual e física do crente.[5] Prince enfatiza a necessidade de discernimento espiritual para identificar quando uma doença tem origem demoníaca e requer intervenção espiritual específica.

A relação entre doenças físicas e influências demoníacas, especialmente atribuídas ao Diabo, é um tema presente nos Evangelhos e amplamente debatido na teologia cristã. As Escrituras fornecem diversos exemplos de como as enfermidades podem ser causadas por demônios, destacando a atuação maligna de Satanás e seus subordinados ao afligir o corpo humano. Esse fenômeno, entretanto, opera sempre sob a permissão e soberania de Deus.

Há exemplos de doenças demoníacas nos Evangelhos?

Nos Evangelhos, encontramos uma série de relatos que revelam a íntima conexão que os primeiros cristãos percebiam entre a doença física e a atividade demoníaca. Essas narrativas não apenas mostram a presença de enfermidades, mas também associam diretamente essas condições ao poder de espíritos malignos. Jesus, em Seu ministério terreno, frequentemente enfrentou situações em que a cura física estava intrinsecamente ligada à libertação espiritual, desafiando as forças do mal que afligiam os corpos e mentes das pessoas.

Os casos de mudez, cegueira, surdez e deformidade física causadas por possessões demoníacas, registrados em Mateus,

[4] MACARTHUR, John. The MacArthur New Testament Commentary. Chicago: Moody Publishers, 1986.

[5] PRINCE, Derek. They Shall Expel Demons. Grand Rapids: Chosen Books, 2001.

Marcos e Lucas, servem como evidências claras desse entendimento. Esses textos bíblicos destacam a autoridade de Jesus sobre todas as formas de opressão demoníaca, demonstrando que o poder do Diabo e seus demônios, embora real, é limitado e pode ser confrontado e vencido pela intervenção divina.

Examinaremos alguns desses relatos específicos, explorando como cada um deles ilustra a libertação completa que Jesus oferece, não apenas no plano espiritual, mas também no físico. A análise desses eventos fornecerá uma visão mais profunda sobre como os Evangelhos retratam a interação entre o mal e a doença, e como a missão redentora de Cristo abrange a cura e a libertação dos que estão sob o domínio de Satanás.

Mudez: Em Mateus 9.32-33, há o relato de um homem mudo devido à possessão demoníaca. A cura realizada por Jesus ilustra a libertação imediata do poder demoníaco:

> Enquanto saíam, trouxeram-lhe um homem mudo, endemoninhado. Expulso o demônio, o mudo falou; e a multidão ficou maravilhada e disse: 'Nunca se viu tal coisa em Israel'. (Mateus 9.32-33, ARA)

Cegueira e Mutismo: Outro caso significativo é encontrado em Mateus 12.22, onde Jesus cura um homem que era simultaneamente cego e mudo, uma condição causada por possessão demoníaca:

> Então trouxeram a Jesus um endemoninhado, cego e mudo; e ele o curou, de modo que o cego e mudo falava e via. (Mateus 12.22, ARA)

Surdez: Marcos 9.25 relata um jovem possesso por um espírito que causava tanto surdez quanto mudez. Jesus repreende o espírito, expulsando-o e restaurando a saúde do jovem:

> Quando Jesus viu que uma multidão se aglomerava rapidamente, Ele repreendeu o espírito imundo, dizendo: Espírito surdo e mudo, eu te ordeno, sai dele e não voltes a entrar nele. (Marcos 9.25, ARA)

Deformidade Física: Em Lucas 13.11,16, há o relato de uma mulher encurvada há dezoito anos devido a um "espírito de enfermidade". Jesus declara que essa condição foi causada por Satanás e a cura no sábado é justificada como um ato de libertação:

> E havia ali uma mulher que, há dezoito anos, estava possessa por um espírito de enfermidade; ela estava encurvada e não podia se endireitar [...] 'E esta mulher, filha de Abraão, a quem Satanás amarrou por dezoito longos anos, não deveria ser libertada desta prisão no sábado?' (Lucas 13.11,16, ARA).

Esses relatos bíblicos são cruciais para entender como os primeiros cristãos viam a conexão entre doença e atividade demoníaca, reconhecendo a capacidade do Diabo e seus demônios de infligir sofrimento físico.

Além dos relatos nos Evangelhos, Apocalipse também oferece uma perspectiva sobre como as forças demoníacas causarão sofrimento físico durante o tempo da tribulação. Em Apocalipse 9.7-10, há uma descrição vívida de como demônios, na forma de gafanhotos, afligirão os incrédulos com tormentos intensos:

> O aspecto dos gafanhotos era semelhante a cavalos preparados para a batalha; sobre suas cabeças havia como que coroas de ouro, e seus rostos eram como rostos de homens. Tinham cabelos como cabelos de mulheres, e seus dentes eram como dentes de leões. Tinham couraças como couraças de ferro, e o barulho de suas asas era como o ruído de carros de muitos cavalos correndo ao combate. Tinham caudas como de escorpiões, e havia ferrões nas suas caudas; e o seu poder era para danificar os homens por cinco meses. (Apocalipse 9.7-10, ARA).

Esse cenário apocalíptico ilustra a severidade do tormento que será infligido por forças demoníacas, destacando a influência do Diabo na execução desses julgamentos.

No que diz respeito à atuação do Diabo em relação às doenças, mesmo quando uma doença tem origem demoníaca, ela ainda opera dentro das leis naturais estabelecidas por Deus. Embora ele possa causar enfermidades, o Diabo ainda deve operar dentro e através das leis biológicas criadas por Deus. Essas doenças não são místicas, mas têm uma patologia natural; o mesmo remédio que funcionou antes funcionará novamente.

Wayne Grudem, em sua *Teologia Sistemática*, também aborda a questão da enfermidade demoníaca, enfatizando que o poder de Satanás é real, mas limitado pela soberania divina. Ele argumenta que os cristãos têm autoridade para resistir ao Diabo, e essa resistência inclui a capacidade de orar contra as doenças causadas por influências demoníacas.[6]

John Piper, em *Suffering and the Sovereignty of God*, explora a questão do sofrimento e como Deus permite que Satanás inflija doenças para testar a fé dos crentes, como visto no caso de Jó. Piper destaca que Deus usa o mal para cumprir Seus propósitos redentores, e mesmo as ações malignas de Satanás servem aos planos soberanos de Deus.[7]

As curas de Jesus frequentemente envolvem a libertação de influências demoníacas, que ele vê como sinais do início do Reino de Deus e da derrota do poder de Satanás. Craig Keener, em *A Commentary on the Gospel of Matthew*, reforça que as curas realizadas por Jesus frequentemente abordam tanto o aspecto físico quanto o espiritual das doenças. Jesus exerceu autoridade sobre as enfermidades demoníacas, demonstrando Seu poder sobre as trevas.[8]

John MacArthur, em *The MacArthur New Testament Commentary*, complementa essa visão ao sugerir que a libertação de

---

[6] GRUDEM, Wayne. Teologia Sistemática. Editora Vida Nova, 1999.

[7] PIPER, John. Em Busca de Deus. Shedd Publicações, 2006.

[8] KEENER, Craig S. A Commentary on the Gospel of Matthew. Grand Rapids: Eerdmans, 1999

demônios e a cura de doenças no ministério de Jesus demonstram Sua supremacia sobre todas as formas de mal. A autoridade de Jesus sobre as enfermidades e os demônios sublinha o Seu domínio sobre as trevas.[9]

O "espinho na carne" de Paulo era uma humilhação vinda do Diabo?

Em 2Coríntios 12.1-6, o apóstolo Paulo relata uma experiência extraordinária em que foi arrebatado ao terceiro Céu, o paraíso, onde teve acesso à própria presença de Deus. Essa revelação incomum e altamente significativa trouxe consigo um risco espiritual: o perigo do orgulho. Para evitar que Paulo se tornasse arrogante, Deus permitiu que ele sofresse com um "espinho na carne", descrito como um "mensageiro do Diabo" (cf. 2Coríntios 12.7), cujo objetivo era manter o apóstolo humilde.

O termo grego, *σκόλοψ*, *skolops,* traduzido como "espinho", é particularmente gráfico. Ele pode se referir a um objeto pequeno e afiado, como um espinho, mas também a algo maior e mais doloroso, como uma estaca. Essa metáfora ressalta a intensidade do sofrimento que Paulo experimentava, comparando-o a uma estaca cravada em sua carne. Além disso, a palavra grega traduzida como "tormento" carrega a ideia de ser repetidamente golpeado, o que sublinha a gravidade contínua dessa aflição.[10]

Há três principais interpretações sobre a natureza desse espinho que afligia Paulo:[11]

---

[9] MACARTHUR, John. The MacArthur New Testament Commentary: Matthew 1-7. Chicago: Moody Press, 1986.

[10] BAUER, W., DANKER, F. W., ARNDT, W. F., & GINGRICH, F. W. A Greek-English Lexicon of the New Testament and Other Early Christian Literature (3ª ed.). Chicago: University of Chicago Press., 2000, p. 827.

[11] "Os estudiosos debatem a identidade precisa do 'espinho na carne' de Paulo. Alguns optam por tentações morais ou psicológicas (mais populares entre os intérpretes medievais e reformadores); outros por uma enfermidade física

1. Espírito demoníaco: o "mensageiro do Diabo" era literalmente um espírito demoníaco designado para atormentar Paulo. Esse espírito tinha a função de causar sofrimento constante ao apóstolo, mantendo-o em um estado de humildade e dependência de Deus.
2. Oposição de detratores: Outra interpretação popular é que o espinho na carne representava a constante oposição e perseguição que Paulo enfrentava, especialmente por parte dos detratores em Corinto. Esses adversários, vistos como instrumentos de Satanás, minavam a autoridade apostólica de Paulo e buscavam desviar os coríntios da verdadeira fé.
3. Aflição física: A terceira interpretação é que o espinho na carne era uma aflição física, possivelmente uma doença crônica. A referência de Paulo ao espinho estar em sua "carne" sugere fortemente que se tratava de uma enfermidade corporal. Muitos especulam que essa doença poderia ser epilepsia, malária ou uma condição ocular debilitante, como sugerido em Gálatas 4.13-15 e 6.11.

Independentemente da natureza específica do espinho na carne, o próprio Paulo reconhece que essa aflição foi permitida por Deus para um propósito redentor: mantê-lo humilde e dependente da graça divina. Paulo afirma que pediu três vezes ao Senhor que removesse o espinho, mas a resposta divina foi: "A minha graça te basta, porque o poder se aperfeiçoa na fraqueza" (2Coríntios 12.9). Assim, Paulo aprende a gloriar-se em suas fraquezas, sabendo que nelas repousa o poder de Cristo de maneira mais plena.

(mais popular atualmente); e ainda outros (incluindo muitos hoje; Crisóstomo; Teodoreto; Severiano) acreditam que se tratava dos oponentes de Paulo, sejam as perseguições ou os adversários que ele estava enfrentando (ou ambos)". KEENER, Craig S. 1-2 Corinthians. New York: Cambridge University Press, 2005, p. 240. Sobre essa discussão, ver também MURPHY-O'CONNOR, Jerome. Paulo: Biografia crítica. São Paulo; Loyola, 2000, p. 325-326.

Esse episódio na vida de Paulo exemplifica a doutrina da soberania de Deus sobre o sofrimento. Como bem colocado por John Piper, Deus pode permitir o sofrimento, inclusive o causado por Satanás, para realizar Seus propósitos redentores e moldar Seus servos à imagem de Cristo.[12] C. S. Lewis também ressalta que as provações podem ser usadas por Deus como um meio de graça, mesmo quando têm origem em forças malignas.[13]

Por outro lado, os estudiosos concordam que a permissão divina para o sofrimento não diminui o papel de Satanás como adversário. Embora Deus seja soberano, Satanás ainda atua como um agente do mal no mundo, sendo limitado pela vontade divina, mas não completamente inativo.

Há transtornos mentais causados pelo Diabo?

As Escrituras evidenciam que o Diabo possui a capacidade de infligir doenças físicas, o que, por extensão, também pode incluir aflições mentais. No entanto, é complexo determinar até que ponto ele pode influenciar pessoas com distúrbios mentais. O que fica claro é que, nos casos de possessão demoníaca, anomalias mentais e psicológicas tendem a se manifestar, conforme descrito em diversas passagens bíblicas.

Nos Evangelhos, encontramos exemplos concretos de distúrbios mentais causados por possessão demoníaca, que se expressam por meio de comportamentos violentos, como em Mateus 8.28, onde dois homens possuídos são descritos como extremamente violentos, a ponto de ninguém conseguir passar por aquele caminho. Marcos 5.4 descreve um homem possuído que, sob influência demoníaca, exibe força sobre-humana, conseguindo romper correntes e grilhões que o prendiam. Além disso, o versículo 5 relata que esse mesmo homem passava noites e dias gritando e

---

[12] Piper, John. Em Busca de Deus. Shedd Publicações, 2006.

[13] Lewis, C. S. The Screwtape Letters. New York: HarperCollins, 2001.

cortando-se com pedras, o que indica automutilação induzida por demônios.[14]

Outra manifestação de distúrbio mental induzido por possessão demoníaca é vista em Marcos 9.20, onde um jovem é descrito como espumando pela boca, uma condição que poderia ser interpretada como uma crise convulsiva, mas que, no contexto, é atribuído à influência de um espírito maligno. A nudez, outro comportamento estranho associado à possessão, é mencionada em Lucas 8.27, onde um homem possuído vaga nu entre os sepulcros. Já em Marcos 9.18, o ranger de dentes é outro sintoma atribuído à possessão demoníaca, que sugere um estado de intenso sofrimento e descontrole.

O relato em Mateus 17.15-18 apresenta um caso claro de possessão demoníaca que se manifesta por meio de comportamentos extremos e autodestrutivos. O texto narra um pai desesperado que traz seu filho a Jesus, descrevendo-o como "lunático" e "muito doente", apresentando episódios em que o jovem cai no fogo ou na água, sugerindo tentativas de automutilação ou suicídio. Os discípulos de Jesus não conseguiram curá-lo, mas Jesus, ao repreender o demônio, liberta o menino, restaurando sua sanidade e saúde.

---

[14] O versículo 4 descreve que ele havia sido várias vezes preso com grilhões e cadeias, mas que era capaz de quebrá-los. Isso mostra uma força sobre-humana, resultado da possessão demoníaca. Marcos enfatiza que ninguém podia domá-lo, o que demonstra a intensidade do controle que os demônios tinham sobre ele. Essa menção à sua força é significativa, pois revela a incapacidade das pessoas de controlarem ou ajudarem o homem. Somente o poder divino, através de Jesus, seria capaz de restaurar sua vida. O contraste entre a impotência humana e a autoridade divina é um tema central na narrativa. O versículo 5 dá uma visão detalhada da condição do homem, mostrando que ele vivia entre os sepulcros, separado da comunidade. Seu isolamento físico reflete seu estado espiritual. O fato de ele viver em um lugar associado à morte e à impureza (os sepulcros) ressalta o impacto total da possessão demoníaca. Na tradição judaica, associar-se com a morte ou com os mortos era considerado ritualmente impuro (cf. Números 19:11-16). O sofrimento emocional e físico do homem também é evidente. Ele "clamava de dia e de noite", em agonia, o que sugere um tormento constante. Ele também se feria com pedras, indicando autodestruição, um sinal do domínio completo dos demônios sobre ele.

Enquanto as Escrituras fornecem evidências de que algumas doenças mentais podem ter uma origem demoníaca, é indispensável ressaltar que nem todas as condições psicológicas ou físicas são causadas pelo Diabo ou seus demônios, e é necessário precaução para discernir se determinado problema de saúde tem origem demoníaca. Infelizmente, por muitos séculos, muitas pessoas com epilepsia, esquizofrenia e depressão foram consideradas endemoniadas. Vivemos em um mundo caído, onde doenças físicas e mentais podem surgir tanto a partir de causas naturais quanto sobrenaturais. Erwin Lutzer destaca que, embora o Diabo possa ser uma fonte de enfermidades, não podemos negligenciar os fatores naturais e biológicos que também contribuem para essas condições.[15]

Além disso, C. Fred Dickason argumenta que o discernimento é crucial ao avaliar se uma condição é de origem natural ou demoníaca. Ele enfatiza que, enquanto algumas doenças mentais são claramente induzidas por forças demoníacas, outras são resultado de desequilíbrios químicos ou traumas psicológicos que não têm nenhuma ligação direta com o mundo espiritual.[16]

Há milagres operados pelo Diabo?

O Diabo, conforme descrito nas Escrituras, é um ser espiritual de imenso poder, sendo o mais poderoso do universo depois de Deus. Ele possui a capacidade de realizar feitos sobrenaturais, incluindo verdadeiros milagres. Esses milagres, realizados por Satanás, não são meros truques ou falsificações astutas, mas atos reais e sobrenaturais com o objetivo de enganar as pessoas. A Bíblia fornece inúmeros exemplos dessa habilidade do Diabo, demonstrando que seus feitos visam imitar os atos divinos e enganar os incautos.

---

[15] LUTZER, Erwin W. The Serpent of Paradise: The Incredible Story of How Satan's Rebellion Serves God's Purposes. Chicago: Moody Publishers, 1996.

[16] DICKASON, C. Fred. Angels: Elect & Evil. Moody Publishers, 1975.

No livro de Êxodo, encontramos um relato claro do poder do Diabo manifestado através dos magos do Faraó. Esses magos, que eram feiticeiros satânicos, conseguiram replicar alguns dos milagres realizados por Moisés, servindo como um exemplo clássico da capacidade maligna de enganar por meio de sinais e prodígios. Eles transformaram seus cajados em serpentes, mas a serpente de Arão, que representava o poder de Deus, devorou as deles (cf. Êxodo 7.10-12). Além disso, os magos replicaram a transformação da água em sangue e a infestação de rãs (cf. Êxodo 7.22; 8.7). No entanto, ao tentar replicar o milagre dos piolhos, foram forçados a reconhecer sua impotência diante do poder de Deus, admitindo: "Isto é o dedo de Deus" (cf. Êxodo 8.19). Esta admissão sublinha a limitação dos poderes satânicos em comparação com o poder supremo de Deus.

Os magos do Faraó são um prenúncio do que o Diabo fará nos últimos dias, usando seus poderes para enganar e desviar as massas. Ainda que ele tenha grande poder, ainda é limitado pela soberania de Deus e, em última instância, não pode triunfar sobre o poder divino. Nos eventos futuros descritos na Bíblia, o Diabo será uma figura central de engano, especialmente durante o período da tribulação. Em 2Tessalonicenses 2.8-10, o apóstolo Paulo descreve como ele, operando por meio do "íníquo" (geralmente entendido como o Anticristo), realizará sinais e prodígios para enganar aqueles que rejeitam a verdade de Deus. Paulo adverte que esses sinais enganosos não são simples ilusões, mas poderosos feitos que servirão para confundir e enganar os que não aceitaram o Evangelho.

Os milagres enganosos são uma manifestação do poder do Diabo para desafiar a verdade divina e testar a fidelidade dos crentes. Esses milagres serão tão convincentes que, se possível, até os eleitos seriam enganados, conforme advertido por Jesus em Mateus 24.24. O Apocalipse, o último livro da Bíblia, apresenta uma visão apocalíptica do poder do Diabo manifestado através do

Anticristo e do falso profeta. Em Apocalipse 13.11-15, João descreve como o falso profeta, a segunda besta, realizará grandes sinais, incluindo fazer fogo descer do céu, para enganar os habitantes da terra. Ele também é descrito dando vida à imagem da besta, uma clara demonstração do poder maligno de realizar milagres enganadores para manipular e controlar as massas.

Craig Keener, em seu comentário sobre o Apocalipse, enfatiza que esses atos de engano são parte do plano final do Diabo para estabelecer seu domínio sobre a Terra, imitando a trindade divina e criando uma falsa trindade composta pelo Diabo, o Anticristo e o falso profeta.[17] Keener observa que a habilidade de Satanás de dar "vida" à imagem da besta reflete uma distorção blasfema da criação divina, um ato que visa enganar até mesmo os mais firmes na fé.

Diante desses feitos sobrenaturais, o apóstolo João nos adverte, em 1João 4.1, a "provar os espíritos, se são de Deus". Isso implica que nem todo milagre ou sinal deve ser aceito como prova da presença divina. Jesus também advertiu sobre falsos profetas que, apesar de realizarem milagres em Seu nome, seriam rejeitados no dia do julgamento, pois suas obras, embora poderosas, não eram realizadas sob a direção divina (cf. Mateus 7.21-23).

O verdadeiro teste de autenticidade espiritual não está na manifestação de poder sobrenatural, mas na fidelidade à mensagem do Evangelho e na conformidade com a vontade de Deus. Ele argumenta que a ênfase no poder, sem a correspondente santidade de vida, é uma marca de engano e não de piedade verdadeira.

O Diabo pode ser chamado "o assassino"?

Jesus Cristo afirmou categoricamente que o Diabo, também conhecido como Satanás, foi "homicida desde o princípio" (João 8.44). Essa declaração provavelmente faz alusão ao assassinato de

---

[17] KEENER, Craig S. Revelation: The NIV Application Commentary. Grand Rapids: Zondervan, 2000.

Abel por Caim, que foi instigado pelo inimigo, como mencionado em 1João 3.12: "Não sejamos como Caim, que era do Maligno e matou o seu irmão. E por que o matou? Porque as suas obras eram más, e as do seu irmão eram justas". O crime de Caim é, assim, uma manifestação precoce da influência destrutiva do Diabo sobre a humanidade.

No livro de Jó, vemos mais uma vez a mão assassina do Diabo em ação. Após um desafio entre Deus e Satanás, no qual este último alega que Jó só é fiel por causa de suas bênçãos, Deus permite que o adversário teste a fé de Jó. Esse, em seu desejo de destruir, provoca uma grande tempestade que ceifa a vida dos dez filhos de Jó (cf. Jó 1.18,19). Mais tarde, quando Deus permite que o Diabo aflija o próprio corpo de Jó, Ele impõe uma restrição: "Eis que ele está em seu poder; apenas poupe a vida dele" (Jó 2.6). Essa instrução divina revela que o anjo caído tinha a intenção de matar Jó, mas foi impedido pela autoridade soberana de Deus.[18]

E.M. Bounds descreve a intensidade desse ataque brutal em sua obra, destacando o impacto devastador sobre Jó:

> Sem qualquer nota de aviso, como uma terrível surpresa e choque, com um único golpe devastador, sua família de dez filhos está morta,

---

[18] A narrativa de Jó, particularmente em Jó 1.18-19 e 2.6, oferece uma profunda reflexão teológica sobre o papel do Diabo como agente do mal e o relacionamento entre sofrimento, fé e a soberania divina. Essa exegese abordará esses textos dentro de sua estrutura literária e teológica. No início do livro de Jó, Satanás, que significa "adversário" ou "acusador", aparece no conselho divino e desafia a sinceridade da fé de Jó (cf. Jó 1.6-12). Satanás sugere que a fidelidade de Jó é condicional, dependendo de suas bênçãos materiais e saúde. Deus, confiando na integridade de Jó, permite que Satanás o teste, primeiramente através da perda de seus bens e filhos, e depois através de aflições físicas, sempre dentro dos limites que Deus impõe. Em Jó 1.18-19, o Diabo é descrito como o responsável por uma grande tempestade que destrói a casa onde estavam os filhos de Jó, matando todos eles. A origem dessa calamidade é atribuída à ação direta de Satanás, que utiliza o poder destrutivo da natureza para realizar seu propósito maligno. A tempestade, como ferramenta do Diabo, revela sua intenção de causar sofrimento extremo a Jó, visando provocar uma reação de blasfêmia contra Deus.

> sua fortuna principesca desapareceu e uma hora negra roubou sua família e seus bens. Nu pela terrível velocidade e profundidade dessas perdas, ele fica sem teto, sem filhos e sem amigos [...] O Diabo mergulhou Jó de uma altura celestial serena e sem nuvens para uma meia-noite tempestuosa e sem estrelas.[19]

Esse retrato de Lúcifer como um ser que anseia pela destruição da vida humana é consistente ao longo das Escrituras. Ele é retratado como um assassino monstruoso, mas é crucial lembrar que Deus detém a autoridade final sobre a vida e a morte.

Em Deuteronômio 32.39, Deus declara: "Vede agora que eu, eu sou Ele, e não há deus além de mim; sou eu quem mata e quem faz viver; eu firo e eu curo, e não há quem possa livrar da minha mão" (ARA). Essa passagem afirma o controle absoluto de Deus sobre o ciclo da vida e da morte, assegurando que, apesar dos intentos destrutivos do Diabo, ele não pode agir fora da vontade soberana de Deus.

No Novo Testamento, essa soberania é reafirmada em Apocalipse 1.17-18, onde Cristo, o vitorioso sobre a morte, declara: "Quando o vi, caí aos seus pés como morto. Ele colocou a mão direita sobre mim e disse: Não temas; eu sou o primeiro e o último. Eu sou aquele que vive. Estive morto, mas agora estou vivo para todo o sempre! E tenho as chaves da morte e do inferno" (NVI). Essas palavras de Jesus ressaltam que Ele, e não o Diabo, tem a autoridade final sobre a morte e o inferno.

O Diabo, como uma criatura caída, não tem poder inerente sobre a vida e a morte; ele age apenas dentro dos limites estabelecidos pelo Criador. Deus é quem determina os dias de nossa vida, e Satanás, por mais que deseje, não pode alterar os planos soberanos de Deus. Da mesma forma, John MacArthur argumenta que "as ações do Diabo são sempre permitidas por Deus para cumprir

---

[19] Bounds, E.M. The Complete Works of E. M. Bounds on Prayer. Baker Books, 1990.

Seus propósitos maiores, seja para testar a fé dos crentes, como no caso de Jó, ou para demonstrar Sua própria glória e justiça".[20]

Portanto, embora o Diabo seja, de fato, um assassino desde o princípio e possua um desejo ardente de destruir a vida humana, ele opera sob as restrições impostas por Deus. Jesus Cristo, o vencedor sobre a morte, mantém as chaves da morte e do inferno, garantindo que, em última instância, a vida e a morte estão nas mãos de Deus, e não nas de Satanás.

O Diabo controla o clima?

Nos últimos anos, o nosso mundo tem enfrentado algumas das tempestades mais devastadoras da história registrada. Essas catástrofes frequentemente são atribuídas aos pecados das pessoas nas áreas afetadas, evocando uma interpretação moralista dos eventos naturais.[21] Contudo, é crucial lembrar que vivemos em um mundo caído, submetido à corrupção e à degeneração desde a Queda, como o apóstolo Paulo descreve em Romanos 8.22: "Porque sabemos que toda a criação geme e está juntamente com dores de parto até agora" (ARC). Os eventos climáticos violentos fazem parte das maldições sob as quais vivemos, afetando tanto os justos quanto os injustos (cf. Mateus 5.45). No entanto, as Escrituras também sugerem que, em algumas ocasiões, o Diabo pode exercer influência sobre o clima, causando tempestades destrutivas.

O livro de Jó oferece uma ilustração clara desse poder demoníaco sobre os elementos naturais. A narrativa começa com uma conversa celestial onde Deus destaca a retidão de Jó: "Você reparou no meu servo Jó? Porque não há ninguém como ele na terra, homem íntegro e reto, que teme a Deus e se desvia do mal" (Jó 1.8).

---

[20] MACARTHUR, John. The MacArthur New Testament Commentary: Matthew 1-7. Chicago: Moody Press, 1986.

[21] Sobre a discussão acerca das catástrofes naturais e o problema do mal, ver WRIGHT, N. T. O Mal e a justiça de Deus. Viçosa: Ultimato, 2009.

O Diabo, contudo, questiona a sinceridade da devoção de Jó, insinuando que sua fidelidade é resultado das bênçãos divinas e proteção contínua. Desafiando a Deus, Satanás diz: "Então Satanás respondeu ao Senhor: 'Será que Jó teme a Deus sem motivo? Acaso não o cercaste com uma cerca, a ele, a sua casa e a tudo o que tem? Abençoaste o trabalho das mãos dele, e os seus bens se multiplicaram na terra. Mas estende a mão e toca em tudo o que ele tem, e certamente ele blasfemará contra ti na tua face" (Jó 1.9-11). Em resposta, Deus concede ao acusador permissão para testar Jó, mas com uma limitação: ele não deve tocar sua vida (cf. Jó 1.12).

O Diabo, então, desencadeia uma série de calamidades sobre Jó, incluindo uma tempestade devastadora. Um mensageiro relata a tragédia: "Ele ainda estava falando, quando veio outro mensageiro e disse: 'Os seus filhos e as suas filhas estavam comendo e bebendo vinho na casa do irmão mais velho. De repente, um vento muito forte veio do outro lado do deserto e atingiu os quatro cantos da casa. Ela desabou sobre os jovens, e eles morreram. Só eu escapei para trazer esta notícia a você" (Jó 1.18-19). Esse episódio ilustra claramente que o Diabo, com a permissão divina, foi capaz de manipular as forças da natureza para causar destruição e sofrimento. [22]

A ideia de que o Diabo pode controlar o clima não é exclusiva do livro de Jó. No Novo Testamento, encontramos outro exemplo no Evangelho de Marcos, onde uma tempestade repentina ameaça

---

[22] Esse versículo faz parte do relato inicial do livro de Jó, onde uma série de calamidades atinge o protagonista. Após uma reunião no Céu entre Deus e Satanás, o adversário recebe permissão de testar a fé de Jó, um homem justo e temente a Deus, por meio de várias tragédias. A última dessas tragédias, descrita em Jó 1.18-19, é a morte de seus filhos e filhas durante uma reunião familiar. Os versículos anteriores (Jó 1:13-17) relatam outras calamidades que Jó enfrenta em rápida sucessão: a perda de seus bois e jumentas para saqueadores sabeus, a destruição de suas ovelhas e servos por um "fogo de Deus" (provavelmente um relâmpago), e o roubo de seus camelos por caldeus. Agora, a tragédia culmina com a morte de seus filhos e filhas. A narrativa está configurada para mostrar a rapidez e a devastação das calamidades que se abatem sobre Jó, testando sua fé e resistência.

a vida de Jesus e Seus discípulos no Mar da Galileia. Marcos 4.37-39 relata: "E eis que se levantou um grande vendaval, e as ondas se arremessavam contra o barco, de modo que o mesmo já estava se enchendo de água. Jesus estava na popa, dormindo sobre uma almofada. Os discípulos o acordaram e lhe disseram: 'Mestre! O senhor não se importa que pereçamos?' E ele, despertando, repreendeu o vento e disse ao mar: 'Aquiete-se! Acalme-se!'. O vento se aquietou, e houve grande bonança". A ação de Jesus aqui não é meramente uma demonstração de poder sobre a natureza; a forma como Ele repreende o vento e o mar sugere a presença de uma força maligna por trás da tempestade.

A forma dramática da ordem aos objetos inanimados pode sugerir que Jesus reconheceu poderes demoníacos por trás da fúria do vento. É significativo que 'repreendeu' e 'aquietar-se' foram usados em Marcos 1.25 com referência a um exorcismo.[23] Essa interpretação sugere que Satanás ou seus demônios estavam tentando destruir Jesus e Seus discípulos, utilizando o clima como arma. No entanto, a resposta de Jesus, com palavras simples e autoritativas, revela Seu domínio absoluto sobre todas as forças, naturais e sobrenaturais. Enquanto o Diabo pode causar tempestades, Jesus é o "Governador das tempestades", como proclamado por Charles Spurgeon em seus sermões. [24]

---

[23] Esse versículo se encontra no início do Evangelho de Marcos, no contexto do primeiro exorcismo de Jesus registrado nas Escrituras. Ele faz parte de uma narrativa maior (cf. Marcos 1.21-28) onde Jesus, ao ensinar na sinagoga de Cafarnaum, encontra um homem possesso por um espírito impuro, e o exorcismo que se segue revela a autoridade de Jesus sobre os poderes malignos.

[24] No sermão intitulado "Christ the Lord of the Storm" ("Cristo, o Senhor da Tempestade"), pregado por Charles Spurgeon, ele se refere a Jesus como o "Governador das tempestades." Esse sermão foi baseado em Marcos 4.37-41, a passagem que narra o episódio em que Jesus acalma uma tempestade enquanto estava no barco com Seus discípulos. Spurgeon enfatiza que Jesus não apenas acalma as tempestades literais, mas também tem poder para acalmar as "tempestades" da nossa vida, simbolizando as dificuldades e desafios que enfrentamos. Ele reforça que Cristo tem soberania absoluta sobre todas as coisas, sejam físicas ou espirituais.

As forças demoníacas frequentemente tentam subverter os planos divinos através de catástrofes naturais, mas esses esforços são sempre submetidos à soberania de Deus. Embora o Diabo e seus seguidores possam temporariamente causar caos, a autoridade final pertence a Deus, que utiliza até mesmo as tentativas malignas para cumprir Seus propósitos maiores. A criação, mesmo em seu estado caído, permanece sob a autoridade de Cristo, que pode, em Sua sabedoria infinita, permitir que Satanás opere dentro de certos limites para provar a fé dos crentes ou para exibir Sua própria glória.

Além disso, a influência de o Diabo sobre o clima também é abordada por teólogos contemporâneos, como Michael Heiser, que discute as implicações espirituais da batalha cósmica entre o bem e o mal em seu livro *The Unseen Realm.* Segundo o autor, o controle do clima por seres sobrenaturais é uma extensão do conflito espiritual que permeia toda a criação. No entanto, qualquer poder que eles exerçam é concedido e limitado pela autoridade suprema de Deus.[25]

Portanto, ao analisarmos as Escrituras e os comentários teológicos sobre o poder do Diabo sobre os elementos naturais, é evidente que, embora ele possa causar tempestades e destruição, sua capacidade de fazer isso está sempre sujeita à permissão e controle soberano de Deus. Jesus, com apenas uma palavra, pode silenciar qualquer tempestade, demonstrando que Ele é, de fato, o Senhor de toda a criação.

O Diabo pode ressuscitar os mortos?

A questão sobre se o Diabo possui o poder de dar vida é uma das mais intrigantes e teologicamente complexas discussões dentro da escatologia cristã. A resposta clara, conforme ensina a

[25] HEISER, Michael S. The Unseen Realm: Recovering the Supernatural Worldview of the Bible. Bellingham: Lexham Press, 2015.

ortodoxia cristã, é que o Diabo não possui o poder de conceder vida. Esse poder é exclusivo de Deus, o Criador de todas as coisas, como declarado em várias passagens das Escrituras, incluindo Gênesis 2.7, onde Deus soprou o fôlego de vida no homem, e João 5.21, onde Jesus afirma: "Assim como o Pai ressuscita os mortos e os vivifica, assim também o Filho vivifica a quem quer".

No entanto, as Escrituras indicam que, no futuro, durante o período da tribulação, Deus permitirá que o Diabo realize um ato extraordinário que envolve a ressurreição do Anticristo dentre os mortos. Em Apocalipse 13.3-4, encontramos uma descrição vívida desse evento: "Vi uma de suas cabeças como ferida de morte, mas a sua ferida mortal foi curada. E toda a terra se maravilhou seguindo a besta. Adoraram o dragão, porque deu a sua autoridade à besta, e adoraram a besta, dizendo: 'Quem é semelhante à besta? Quem poderá batalhar contra ela?'" Essa passagem sugere que o Anticristo, uma figura central do fim dos tempos, sofrerá uma ferida mortal e, surpreendentemente, será curado ou ressuscitado.

Há três visões principais sobre o significado dessa ressurreição. A primeira visão interpreta essa passagem como uma referência simbólica ao desaparecimento do Império Romano em 476 d.C. e ao seu eventual ressurgimento nos últimos tempos. Essa perspectiva entende que a ressurreição não se refere a um indivíduo, mas a uma entidade política. No entanto, como observado por estudiosos como John F. Walvoord, essa interpretação falha em explicar a reação universal de assombro e adoração que se segue à restauração da besta. Walvoord argumenta que é improvável que a restauração de um império antigo gerasse o tipo de devoção global descrito em Apocalipse 13.3-4.[26]

A segunda visão considera que a besta do Apocalipse representa um indivíduo que sofre uma ferida aparentemente fatal,

---

[26] Walvoord, John F. The Revelation of Jesus Christ: A Commentary. Chicago: Moody Press, 1966.

mas que apenas parece estar morto. Os proponentes dessa visão, como G. K. Beale, acreditam que a ressurreição da besta é uma falsificação ou uma simulação enganosa, orquestrada por Satanás para enganar as nações. Beale argumenta que o Diabo, sendo o "pai da mentira" (cf. João 8.44), utilizará todos os meios disponíveis para imitar o poder de Deus, incluindo a manipulação de eventos que parecem milagrosos, mas que não envolvem a verdadeira ressurreição.[27]

A terceira visão, que é defendida por estudiosos como Charles Ryrie, sustenta que Deus, em Seu plano soberano, permitirá que o Diabo temporariamente exerça o poder de ressuscitar o Anticristo, não por sua própria autoridade, mas sob a permissão divina. Ryrie explica que, enquanto a ressurreição verdadeira é um ato exclusivo de Deus, o Anticristo será ressuscitado como parte do grande engano que Deus enviará àqueles que rejeitarama verdade, conforme descrito em 2Tessalonicenses 2.9-12. Esse engano será tão poderoso que até mesmo os eleitos poderiam ser enganados, se possível (cf. Mateus 24.24).[28]

Apocalipse 13.15 também menciona que o falso profeta "foi concedido poder para dar fôlego à imagem da besta, de modo que a imagem da besta até falasse". Esse evento levanta a questão de quão longe vai o poder permitido ao Diabo. Se ele pode dar fôlego a um ídolo inanimado, a sugestão de que Deus poderia permitir uma ressurreição física do Anticristo não parece improvável. A linguagem utilizada em Apocalipse para descrever a morte e ressurreição da Besta é semelhante à usada para descrever a morte e ressurreição de Cristo (cf. Apocalipse 2.8; 5.6; 13.3,12), sugerindo uma imitação satânica do maior evento redentor da história cristã.

---

[27] BEALE, G. K. The Book of Revelation: A Commentary on the Greek Text. Grand Rapids: Eerdmans, 1999.

[28] RYRIE, Charles C. A Bíblia Anotada Ryrie. São Paulo: Mundo Cristão, 2007.

J. B. Smith, em sua obra sobre o Apocalipse, ressalta o impacto que essa ressurreição terá sobre o mundo: "Assim como a difusão inicial e a perpetuidade da fé cristã se baseiam na ressurreição de Cristo, a adoração e o tributo quase universal garantidos à besta na última metade do período da tribulação só podem ser explicados pela ressurreição do caído imperador de Roma". Smith argumenta que essa ressurreição será a pedra angular do engano final do Diabo, conduzindo as massas à adoração da besta e à rejeição definitiva de Deus.[29]

Portanto, enquanto o Diabo não possui o poder inerente de dar vida, as Escrituras indicam que, em um futuro determinado, Deus permitirá que ele realize uma ressurreição, como parte do julgamento divino sobre aqueles que rejeitam a verdade. Esse evento escatológico será uma impressionante paródia da ressurreição de Cristo, destacando a capacidade de Satanás de enganar, mas também sublinhando a soberania absoluta de Deus, que controla até mesmo os atos mais sinistros do inimigo.

O Diabo é onisciente?

O Diabo, embora poderoso, é uma criatura limitada em sua natureza e capacidades. Como tal, ele compartilha das limitações inerentes a todas as criaturas, sendo incapaz de alcançar a onisciência que pertence exclusivamente a Deus. A Escritura, em Isaías 46.9-10, declara claramente a singularidade de Deus em Seu conhecimento absoluto: "Lembrai-vos das coisas passadas da antiguidade, pois eu sou Deus, e não há outro; eu sou Deus, e não há nenhum como eu. Que anuncio o fim desde o princípio, e, desde a antiguidade, as coisas que ainda não aconteceram; que digo: 'O meu conselho permanece de pé, e farei toda a minha vontade".

---

[29] SMITH, J. B. A Revelation of Jesus Christ: A Commentary on the Book of Revelation. Scottdale: Herald Press, 1962.

Satanás, apesar de sua sabedoria e astúcia, não possui a capacidade de conhecer tudo. Ele é, sem dúvida, uma entidade extremamente inteligente e conhecedora, com um entendimento vasto do mundo e da natureza humana, mas isso não se equipara ao conhecimento infinito de Deus. Essa diferença é fundamental para compreender a sua natureza limitada em contraste com a supremacia divina.

Erwin Lutzer, em sua análise teológica, destaca a disparidade essencial entre o Criador e a criatura ao afirmar:

> Deus nunca criaria um ser tão grande e belo quanto Ele mesmo é. Qualquer ser criado nunca alcançaria as perfeições ilimitadas do Todo-Poderoso. Portanto, O Diabo era muito inferior a Deus, mas evidentemente foi a 'melhor' coisa que o Todo-Poderoso poderia fazer.[30]

Essa declaração sublinha que, por mais magnífico e poderoso que o Diabo tenha sido criado, ele permanece infinitamente inferior ao Criador. O reconhecimento dessas limitações é crucial para evitar dois erros comuns: subestimar ou superestimar as capacidades de Satanás. Subestimar sua inteligência e poder pode levar à negligência da vigilância espiritual necessária, enquanto superestimar suas capacidades pode resultar na atribuição errônea de atributos divinos a ele.

A Bíblia também adverte contra a atribuição de poder excessivo ao Diabo. Em passagens como 1João 4.4, os crentes são encorajados a lembrar que maior é aquele que está em vós do que aquele que está no mundo. A passagem citada reforça a ideia de que, embora seja um adversário astuto e poderoso, ele não pode superar o poder de Deus que habita nos crentes.

---

[30] LUTZER, Erwin W. The Serpent of Paradise: The Incredible Story of How Satan's Rebellion Serves God's Purposes. Chicago: Moody Publishers, 1996.

A limitação do Diabo também se reflete em seu conhecimento. Ele não possui a onisciência de Deus e, portanto, suas ações são baseadas em observação e experiência, não em um conhecimento absoluto do futuro. Isso é evidenciado em várias passagens bíblicas, como em 1Coríntios 2.8, onde Paulo menciona que "nenhum dos príncipes deste mundo conheceu [a sabedoria de Deus]; porque, se a conhecessem, nunca teriam crucificado o Senhor da glória" (ARC). Essa referência implica que, apesar de seu poder, o Diabo e seus seguidores não compreendem plenamente os planos de Deus.

Em conclusão, Satanás, embora formidável, é uma criatura com limitações definidas. Ele não possui os atributos divinos, e qualquer tentativa de atribuir a ele tais características é teologicamente errônea. Como enfatiza Erwin Lutzer, o Diabo é inferior a Deus e deve ser reconhecido como tal, tanto em sua natureza quanto em suas capacidades.

O Diabo sabe o que estamos pensando? Ele pode ler a mente?

Não há evidências nas Escrituras de que o Diabo, ou os demônios, possa ler a mente de alguém e conhecer seus pensamentos. De acordo com a Bíblia, apenas os membros da Trindade conhecem os pensamentos de todas as pessoas (cf. 1Reis 8.39; Mateus 9.1-4; João 2.24).

No entanto, Satanás e seus asseclas demoníacos (que são designados para várias áreas e até mesmo para crentes individuais) viveram por milênios e conhecem muito bem a natureza humana. Pode-se estar certo de que eles estudam e observam nossa vida e conhecem as tendências humanas. Assim como, às vezes, conhecemos nossos cônjuges ou filhos tão bem que podemos prever o que eles estão pensando, os demônios podem, sem dúvida, discernir o que estamos pensando ao observar nossas ações.

"O Diabo é inferior a Deus e deve ser reconhecido como tal, tanto em sua natureza quanto em suas capacidades".

PALAVRAS FINAIS

AO LONGO DESTE estudo, foram analisadas diferentes perspectivas teológicas e históricas sobre a atuação de Satanás, explorando interpretações que variam desde o dispensacionalismo até as análises acadêmicas sobre o Éden e a guerra espiritual. Ao longo dos séculos, teólogos têm buscado compreender as implicações dessa batalha cósmica, ressaltando a importância de uma abordagem fundamentada na Bíblia Sagrada.

Investigamos as profundas implicações teológicas e históricas da existência do Diabo, sua queda e seu impacto na criação. O exame cuidadoso dos textos bíblicos nos revelou que a presença do mal no mundo não é um evento isolado, mas parte de uma batalha espiritual abrangente que se desenrola desde Gênesis. A rebelião de Satanás não apenas trouxe caos à criação divina, mas também destacou a necessidade de redenção e restauração. Desde o primeiro Éden até a consumação dos tempos, a narrativa bíblica nos mostra um conflito contínuo entre as forças da luz e as trevas.

Vimos que Satanás pode causar doenças e enfermidades, como no caso de Jó, mas sempre sob permissão divina. Ele também pode realizar sinais e prodígios para enganar, mas seus milagres não se comparam ao poder absoluto de Deus. A questão do controle sobre a vida e a morte foi esclarecida: apenas Deus tem essa autoridade, e o Adversário, embora assassino desde o princípio, não pode alterar os desígnios divinos.

Também analisamos a influência do Diabo sobre os elementos naturais, como no caso das tempestades descritas no livro de Jó e no episódio em que Jesus acalma o mar. Contudo, toda a criação está sujeita à autoridade de Cristo, que, com apenas uma palavra, pode silenciar qualquer tormenta. O tema da ressurreição do Anticristo foi explorado dentro do contexto de Apocalipse 13, demonstrando que Satanás não possui o poder de dar vida, mas pode simular feitos para enganar os que rejeitam a verdade.

Além disso, abordamos sua influência sobre a mente e a vida dos crentes. Embora acreditemos que Satanás não possa ler nossos pensamentos, ele é capaz de estudar os padrões humanos e agir de forma sutil para enganar e desviar aqueles que não estão firmados na Palavra. Seu objetivo principal é conduzir a humanidade à desobediência e ao afastamento de Deus, utilizando estratégias diversas, desde a tentação direta até a distorção da verdade divina.

Porém, também ficou claro que o Diabo, embora um inimigo real e ativo, opera sempre sob os limites estabelecidos por Deus. Sua influência sobre a humanidade ocorre por meio da tentação, do engano e da opressão espiritual, mas ele não é onipotente, onipresente ou onisciente. Sua derrota foi selada na cruz, efetuada por meio do sacrifício do Filho de Deus, e será consumada no juízo final. Como reafirmado ao longo deste livro, não lutamos para alcançar a vitória, mas lutamos a partir da vitória de Cristo.

As Escrituras nos garantem que, por meio da fé em Jesus, estamos protegidos contra as investidas do Maligno. O ensino bíblico sobre a armadura de Deus nos instrui a resistir ao Inimigo com firmeza e vigilância, certos de que maior é Aquele que está em nós do que aquele que está no mundo. A batalha espiritual continua até o dia da consumação final, mas a vitória de Cristo já foi decretada, e Nele somos mais que vencedores.

Portanto, ao concluirmos esta obra, reforçamos que nosso foco deve estar no Senhor, não em Satanás. A adoração a Cristo, e não o medo do inimigo, deve ser o eixo central da vida cristã. Embora não devamos ignorar as artimanhas do Adversário, nossa prioridade deve ser a fidelidade ao nosso Salvador e à proclamação de Sua vitória. Como ensinado na Bíblia, aqueles que permanecem em Cristo e revestem-se da armadura de Deus podem enfrentar qualquer ataque maligno sem temor, pois a luz sempre prevalecerá sobre as trevas.

Espero que esta leitura tenha fortalecido fé do leitor e ampliado sua compreensão sobre a realidade espiritual que nos cerca. Que possamos, como servos de Deus, permanecer vigilantes, firmes na Palavra e convictos de que, no final, a justiça e a glória divina triunfarão sobre todas as forças do mal. Que possamos manter nossos olhos fixos em Cristo, confiantes em Sua soberania e certos de que, independentemente das investidas diabólicas, nada pode nos separar do amor de Deus que está em Cristo Jesus, nosso Senhor.

REFERÊNCIAS BIBLIOGRÁFICAS

AGOSTINHO, Santo. Confissões. Editora Vozes, 1999. AGOSTINHO. A Cidade de Deus. Editora Vozes, 1999. AGOSTINHO. A Cidade de Deus (Parte II). Petrópolis: Vozes, 2017.

ALEXANDER, Ralph H. Ezekiel. Chicago: Moody Press, 1976.

ALEXANDER, T. Desmond. From Eden to the New Jerusalem: An Introduction to Biblical Theology. Grand Rapids: Kregel Publications, 2008.

ALIGHIERI, Dante. A Divina Comédia. Traduzido por Vasco Graça Moura, Bertrand Editora, 2013.

ANDERSON, Neil T. The Bondage Breaker: Overcoming Negative Thoughts, Irrational Feelings, Habitual Sins. Eugene: Harvest House Publishers, 2000.

ARCHER, Gleason L. A Survey of Old Testament Introduction. Chicago: Moody Press, 1994.

ARNOLD, Clinton E. 3 Crucial Questions about Spiritual Warfare. Grand Rapids: Baker Books, 1997.

ARNOLD, Clinton E. Powers of Darkness: Principalities & Powers in Paul's Letters. Downers Grove: InterVarsity Press, 1992.

ARNOLD, Clinton E. Three Crucial Questions about Spiritual Warfare. Grand Rapids: Baker Books, 1997.

AULÉN, Gustaf. Christus Victor: An Historical Study of the Three Main Types of the Idea of Atonement, American Edition. Translated by A. G. Hebert. New York: The Macmillan Company, 1966.

AUNE, David E. Revelation 17-22: Word Biblical Commentary. Dallas: Word Books, 1998.

BARNHOUSE, Donald Grey. *The Invisible War*. Zondervan, 1982.

BASS, Clarence B. Backgrounds to Dispensationalism: Its Historical Genesis and Ecclesiastical Implications. Grand Rapids: Eerdmans, 2005.

BASS, Clarence B. Backgrounds to Dispensationalism: Its Historical Genesis and Ecclesiastical Implications. Grand Rapids: Eerdmans, 2005.

BAUCKHAM, Richard. The Theology of the Book of Revelation. Cambridge: Cambridge University Press, 1993.

BAVINCK, Herman. Reformed Dogmatics, Volume 4: Holy Spirit, Church, and New Creation. Edited by John Bolt, Translated by John Vriend, Grand Rapids, MI: Baker Academic, 2008.

BAUER, W., DANKER, F. W., ARNDT, W. F., & GINGRICH, F. W. A Greek-English Lexicon of the New Testament and Other Early Christian Literature (3ª ed.). Chicago: University of Chicago Press, 2000.

BEALE, G. K. The Book of Revelation: A Commentary on the Greek Text. Grand Rapids: Eerdmans, 1999.

BEALE, G. K. The Temple and the Church's Mission: A Biblical Theology of the Dwelling Place of God. Downers Grove: InterVarsity Press, 2004.

BECK, John. Without Form and Void: The American Desert as Trope and Terrain. Journal of American Studies, v. 45, n. 2, p. 123-145, 2011.

BERGSTÉN, Eurico. Introdução à Teologia Sistemática. Rio de Janeiro: CPAD, 2008.

BÍBLIA Sacra Vulgata. Disponível em: https://vulgata.online/bible

BLOCK, Daniel I. The Book of Ezekiel, Chapters 25–48. Grand Rapids: Eerdmans, 1998. BONHOEFFER, Dietrich. Letters and Papers from Prison. New York: Macmillan, 1953. BONHOEFFER, Dietrich. The Cost of Discipleship. New York: Macmillan, 1937.

BOUNDS, E. M. The Devil: His Personality, Power, and Overthrow. 1907. BOUNDS, E.M. *The Complete Works of E. M. Bounds on Prayer*. Baker

Books, 1990. BOYD, G. A. *God at War: The Bible and Spiritual Conflict.* InterVarsity Press, 1997.

BOYD, Gregory A. God at War: The Bible and Spiritual Conflict. Downers Grove: InterVarsity Press, 1997.

BREYTENBACH, C.; DAY, P.L., Satan, in: Dictionary of Deities and Demons in the Bible, 1999.

BROWN, Michael L. Israel's Divine Healer. Grand Rapids: Zondervan, 1995.

BROWN, F.; DRIVER, S. R.; BRIGGS, C. A. The Brown-Driver-Briggs Hebrew and English Lexicon. Peabody: Hendrickson Publishers Inc, 2000.

CACIOLA, Nancy. Discerning Spirits: Divine and Demonic Possession in the Middle Ages. Cornell University Press, 2006.

CALVIN, John. Commentary on the Prophet Ezekiel, Volume 2. Trad. John Owen. Edinburgh: Calvin Translation Society, 1849.

CALVIN, John. Commentary on the Prophet Ezekiel, Volume 2. Translated by John Owen. Edinburgh: Calvin Translation Society, 1849.

CALVINO, João. As Institutas da Religião Cristã. Cultura Cristã, 2006.

CALVINO, João. Gálatas, Efésios, Filipenses e Colossenses (Série Comentários Bíblicos). São José dos Campos: Fiel, 2013.

CAPON, Robert Farrar. Between Noon and Three: Romance, Law, and the Outrage of Grace. Eerdmans, 1997.

CARSON, D. A. O Comentário de Mateus. São Paulo: Shedd Publicações, 2010.

CARSON, D. A. O Comentário de João. São Paulo: Shedd Publicações, 2007

CHAFFER, Lewis Sperry. Satan: His Motives and Methods. Grand Rapids: Kregel Publications, 1995.

CHAFFER, Lewis Sperry. Systematic Theology. Dallas: Dallas Seminary Press, 1947.

CHAMBERS, Oswald. My Utmost for His Highest. Grand Rapids: Discovery House Publishers, 1927.

CHAMPLIN, R. N. Enciclopédia de Bíblia, Teologia e Filosofia. São Paulo: Candeia, 2000.

CHAPELL, Brian. BRAY, Gerald. Fallen: A Theology of Sin. Crossway, 2013.

CHARLESWORTH, James H. The Good and Evil Serpent: How a Universal Symbol Became Christianized. Yale University Press, 2010.

CHESTERTON, Gilbert Keith. O que há de errado com o mundo. 2. ed. Campinas: Editora Ecclesiae, 2019.

CHUNG, Ding-Yu. Genesis Cosmology. International Journal of Science and Theology, v. 10, n. 1, p. 15-30, 2018.

CLINTON, Timothy; HAWKINS, Ron. Biblical Counseling and Spiritual Warfare. Eugene: Harvest House Publishers, 2008.

COHICK, Lynn H. The Letter to the Ephesians (The New International Commentary on the New Testament). Grand Rapids: Eerdmans, 2020.

COOK, David. Apocalipse: A Visão da Vitória de Cristo. Editora Vida, 2011.

COOK, William R. The Gospel and the Kingdom: A Biblical Understanding of the Restoration of All Things. Baker Academic, 2012.

COOPER, Lamar E. Ezekiel. Nashville:Broadman and Holman Publishers, 1994. (The New American Commentary).

COUSTÉ, Alberto. Biografia do O Diabo: o O Diabo como a sombra de Deus na história. Trad. Luca Albuquerque. Rio de Janeiro: Record; Rosa dos Tempos, 1996.

CRAWFORD, J. R. The Brethren: The Story of a Great Recovery. London: Chapter Two, 2007.

CURRID, John D. A Study Commentary on Genesis, Volume 1: Genesis 1:1-25:18. Darlington: Evangelical Press, 2003.

DARBY, John Nelson. Collected Writings of J.N. Darby. London: G. Morrish, 1867.

DARBY, John Nelson. The Collected Writings of J. N. Darby. London: G. Morrish, 1867- 1883.

DAY, John. *Yahweh and the Gods and Goddesses of Canaan.* Sheffield Academic Press, 2002.

DENERY II, Dallas. The Devil Wins: A History of Lying from the Garden of Eden to the Enlightenment. Princeton, 2015, p. 21-61. Ver também PAGELS, Elaine. The Origin of Satan. New York, 1995.

DEVER, Mark E. Spiritual Warfare: A Biblical and Balanced Perspective. Grand Rapids: Zondervan, 2009.

DICKASON, C. Fred. Angels: Elect & Evil. Moody Publishers, 1975.

DROB, Sanford L. The Eden Complex: Transgression and Transformation in the Bible, Freud and Jung, 2023, doi: 10.32388/6v7acv·

DUNN, James G. The Epistles to the Colossians and Philemon: A commentary on greek text (The New International Greek Testament Commentary). Grand Rapids: Eerdmans, 1996.

EICHRODT, Walter. Ezekiel: A commentary. Philadelphia: The Westminster Press, 1970.

ERICKSON, M. J. (2013). *Christian Theology*. Baker Academic.

FEE, Gordon. Pauline Christology:An exegetical-theological study. Peabody: Hendrickson, 2007.

FORDE, Gerhard O. Where God Meets Man: Luther's Down to Earth Approach to the Gospel. Minneapolis: Augsburg Publishing House, 1972.

FRUCHTENBAUM, Arnold G. *The Footsteps of the Messiah: A Study of the Sequence of Prophetic Events.* Ariel Ministries, 2004.

GEISLER, Norman. Teologia Sistemática, Volume 1. Rio de Janeiro: CPAD, 2010.

GOLDINGAY, John. Ezekiel: Understanding the Bible Commentary Series. Grand Rapids: Baker Books, 2012.

GOMES, Alan. Unmasking the Devil: Strategies to Defeat Eternity's Greatest Enemy. Lake Mary: Charisma House, 2015.

GORMAN, Michael J. Reading Revelation Responsibly. Eugene: Cascade Books, 2011.

GRANT, Frederick William. The Numerical Bible: Being a Revised Translation of the Holy Scriptures. New York: Loizeaux Brothers, 1903.

GRANT, Frederick William. The Parables of Our Lord. New York: Loizeaux Brothers, 1902.

GREENBERG, Moshe. Ezekiel 21-37: a new translation with commentary. New York; Doubleday, 1997 (Anchor Bible)

GRUDEM, Wayne. Teologia Sistemática. Editora Vida Nova, 1999.

GRUENTHANER, M. J. The demonology of the Old Testament. The Catholic Biblical Quarterly, v. 6, n. 1, p. 17, jan. 1944.

GRUENTHANER, M. J. The demonology of the Old Testament. The Catholic Biblical Quarterly, v. 6, n. 1, p. 17, jan. 1944.

HAMER, Colin Geoffrey. Marital imagery in the Bible: an exploration of the cross- domain mapping of Genesis 2:24 and its significance for the understanding of New Testament divorce and remarriage teaching. Tese de doutorado, University of Chester, junho, 2015.

HAMER, Mark. The Eden Narrative: A Literary and Theological Study of Genesis 2-3. Cambridge University Press, 2011.

HAMILTON, V. P. The Book of Genesis, Chapters 1-17. Grand Rapids: Eerdmans, 1990. HANSON, P. The Dawn of the Apocalyptic. Philadelphia 1979.

HAVNER, Vance. (1970). *Playing Marbles with Diamonds: God's Plan for Every Man.* Revell.

HEISER, Michael J. Demons: What the Bible Really Says about the Powers of Darkness. Bellingham: Lexham Press, 2020.

HEISER, Michael S. The Unseen Realm: Recovering the Supernatural Worldview of the Bible. Bellingham: Lexham Press, 2015.

HENGEL, Martin. Crucifixion. Philadelphia: Fortress Press, 1977.

HENRY, Matthew. Matthew Henry's Commentary on the Whole Bible: Complete and Unabridged in One Volume. Peabody: Hendrickson Publishers, 1991.

HODGE, Charles. Systematic Theology. 3 vols. New York: Scribner, Armstrong & Co., 1871.

HODGES, Daniel. Beihefte zur Zeitschrift für die alttestamentliche Wissenschaft 527. Bulletin for Biblical research, 2022. doi: 10.5325/bullbiblrese.32.1.0076.

HOEHNER, Harold W. Ephesians: An Exegetical Commentary. Grand Rapids: Baker Academic, 2002.

HOUSE, H. Wayne. Chronological and Background Charts of the Old Testament. Grand Rapids: Zondervan, 1981.

ICE, Thomas; DEMY, Timothy. Prophecy Watch: What to Expect in the Days to Come. Eugene: Harvest House Publishers, 1998.

ICE, Thomas; DEMY, Timothy. The Truth About the Millennium. Eugene: Harvest House Publishers, 2001.

ICE, Thomas. Charting the End Times. Eugene: Harvest House Publishers, 2001.

KEENER, Craig S. Revelation: The NIV Application Commentary. Grand Rapids: Zondervan, 2000.

KEENER, Craig S. 1-2 Corinthians. New York: Cambridge University Press, 2005.

KELLER, Timothy. Como integrar fé e trabalho: nossa profissão a serviço do Reino de Deus. Trad. Eulália Pacheco Kregness. São Paulo: Vida Nova, 2014.

KELLY, Henry Ansgar. Satã: uma biografia. São Paulo: Globo, 2008.

KELLY, Henry Ansgar. Satan: A Biography. Cambridge University Press, 2006.

KELLY, Henry Ansgar. The Devil at Baptism: Ritual, Theology, and Drama. Cornell University Press, 1985.

KELLY, William. Exposition of the Revelation of John. London: C. A. Hammond, 1871. KELLY, William. Lectures on the Book of Revelation. London: G. Morrish, 1870.

KELLY, William. Lectures on the Pentateuch. London: G. Morrish, 1871.

KELLY, William. Lectures on the Second Coming of the Lord Jesus Christ. London: G. Morrish, 1865.

KELLY, William. Lectures on the Second Coming of the Lord Jesus Christ. London: G. Morrish, 1865.

KELLY, William. The Bible Treasury. Various volumes, 1856-1906.

KIDNER, Derek. Genesis: An Introduction and Commentary. Downers Grove: InterVarsity Press, 1967.

KOEHLER, L.; BAUMGARTNER, W.; RICHARDSON, M. E. J.; STAMM, J. J. The Hebrew and Aramaic Lexicon of the Old Testament. Leiden: Brill, 1994-2000. 5 v.

KRAFT, Charles H. Confronting Powerless Christianity: Evangelicals and the Missing Dimension. Grand Rapids: Chosen Books, 2002.

KRAFT, Charles H. Defeating Dark Angels: Breaking Demonic Oppression in the Believer's Life. Ann Arbor: Servant Publications, 1992.

KRAFT, Charles H. I Give You Authority: Practicing the Authority Jesus Gave Us. Grand Rapids: Baker Books, 1997.

KREEFT, Peter. Angels and Demons: What Do We Really Know about Them? Ignatius Press, 1988.

KREEFT, Peter. Angels and Demons: What Do We Really Know About Them? San Francisco: Ignatius Press, 1995.

LADD, G. E. *A Theology of the New Testament*. Eerdmans, 1996.

LADD, George Eldon. A Commentary on the Revelation of John. Grand Rapids: Eerdmans, 1972.

LADD, George Eldon. A Theology of the New Testament. Grand Rapids: Eerdmans, 1996.

LADD, George Eldon. A Theology of the New Testament. Revised ed., Grand Rapids, MI: Eerdmans, 1993.

LADD, George Eldon. The Gospel of the Kingdom: Scriptural Studies in the Kingdom of God. Grand Rapids, MI: Eerdmans, 1959.

LEWIS, C. S. The Screwtape Letters. New York: HarperCollins, 2001. LEWIS, C.S. Cartas de um O Diabo a seu Aprendiz. Editora Martins Fontes,2001.

LEWIS, C.S. O Problema do Sofrimento. Editora Martins Fontes, 1940.

LIDDELL, Henry George; SCOTT, Robert; JONES, Henry Stuart. A Greek-English Lexicon. 9th ed. Oxford: Clarendon Press, 1996.

LUTERO, Martinho. Da Liberdade Cativa. In: Obras Selecionadas. Volume 4. Porto Alegre: Editora Sinodal, 1993.

LUTERO, Martinho. Da Servidão da Vontade. Editora Sinodal, 1996.

LUTERO, Martinho. Obras Selecionadas: Volume 1. São Leopoldo: Sinodal, 1987.

LUTHER, Martin. Table Talk (em alemão: Tischreden). Trad. Theodore G. Tappert. Fortress Press, 1955.

LUTZER, Erwin W. The Serpent of Paradise: The Incredible Story of How Satan's Rebellion Serves God's Purposes. Chicago: Moody Publishers, 1996.

LUTZER, Erwin. The Serpent of Paradise: The Incredible Story of How Satan's Rebellion Serves God's Purposes. Moody Publishers, 1996.

MARIANO, Ricardo. Efeitos de secularização do Estado, do pluralismo e do mercado religiosos sobre as igrejas pentecostais. Porto Alegre: Civitas, 2003.

MARIZ, Cecília. "Teologia da batalha espiritual: uma revisão da bibliografia" In: ALMEIDA, BIB, n. 47, p. 33-48, São Paulo, ANPOCS, 1999.

MARTINS, Wilson. História da Inteligência Brasileira. São Paulo: Editora Cultrix, 2007.

MCGRATH, Alister E. The open secret: a new vision for natural theology. Malden, MA: Blackwell Pub., 2008.

MCGRATH, Alister. Christian literature: an anthology. Oxford: Blackwell, 2001.

MCGRATH, Alister. Christian Theology: An Introduction. 5th ed., Wiley-Blackwell, 2011.

MCGRATH, Alister. Luther's Theology of the Cross, Oxford, Basil Blackwell, 1985. MILTON, John. Paraíso Perdido. Editora 34, 2008.

MOLTMANN, Jürgen. Theology of Hope. New York: Harper & Row, 1968.

MONTANARI, Franco. The Brill Dictionary of Ancient Greek. Leiden: Brill, 2015. MORAES, Antônio Renato Gusso. O Simbolismo dos Números na Bíblia. Rio de Janeiro:

CPAD, 2010.

MORRIS, Henry M. *The Genesis Record: A Scientific and Devotional Commentary on the Book of Beginnings.* Baker Book House, 1976.

MORRIS, Leon. The Book of Revelation: An Introduction and Commentary. Grand Rapids: Eerdmans, 1987.

MORRISON, S. R. The Accommodating Serpent and God' s in Paradise Lost. Studies in English Literature 1500-1900, 2009.

MOTYER, J. Alec. Isaiah (Tyndale Old Testament Commentaries). Notthingham:InterVarsity Press, 1999.

MOUNCE, Robert H. The Book of Revelation. Grand Rapids: Eerdmans, 1998.

MURPHY-O'CONNOR, Jerome. Paulo: Biografia crítica. São Paulo; Loyola, 2000.

MURRAY, Andrew. Abide in Christ. New York: Fleming H. Revell Company, 1895.

MURRAY, John Courtney. The Problem of God: Yesterday and Today. Yale University Press, 1964.

NEATBY, William Blair. A History of the Plymouth Brethren. London: Hodder and Stoughton, 1901.

OROPEZA, B. J., 99 Answers to Questions about Angels, Demons & Spiritual Warfare. Downers Grove, IL: InterVarsity Press,1997.

OSBORNE, Grant R. Revelation: Baker Exegetical Commentary on the New Testament. Grand Rapids: Baker Academic, 2002.

OURO, Roberto. The Earth of Genesis 1:2: Abiotic or Chaotic? Part II. Hebrew Studies, v. 56, p. 89-102, 2015.

OWEN, John. The Death of Death in the Death of Christ. Edinburgh: Banner of Truth Trust, 1647.

PAGELS, Elaine. Adam, Eve, And The Serpent. New York: Random House, 1989.

PAGELS, Elaine. The Origin of Satan: How Christians Demonized Jews, Pagans, and Heretics. New York: Vintage Books, 1995.

PAGELS, Elaine. The Origin of Satan. New York: Random House, 1995.

PENTECOST, J. Dwight. Designed to Be Like Him. Grand Rapids: Kregel Publications, 1966.

PENTECOST, J. Dwight. Things to Come: A Study in Biblical Eschatology. Grand Rapids: Zondervan, 1964.

PFEIFFER, Charles F.; VOS, Howard F.; REA, John. Dicionário Bíblico Wycliffe. São Paulo: CPAD, 2009.

PIERSON, Arthur T. George Müller of Bristol and His Witness to a Prayer-Hearing God. London: James Nisbet & Co., 1899.

PINK, Arthur W. The Sovereignty of God. Grand Rapids: Baker Book House, 1930.

PIPER, John. Desiring God: Meditations of a Christian Hedonist. Colorado Springs: Multnomah, 1986.

PIPER, John. Em Busca de Deus. Shedd Publicações, 2006.

PRINCE, Derek. They Shall Expel Demons. Grand Rapids: Chosen Books, 2001

ROSS, Allen P. Creation and Blessing: A Guide to the Study and Exposition of Genesis. Grand Rapids: Baker Academic, 1998.

ROUTLEDGE, Robin. Did God Create Chaos? Unresolved Tension in Genesis 1:1-2. Journal of Biblical Literature, v. 132, n. 3, p. 345-367, 2013.

RUSSELL, Jeffrey Burton. Lucifer: The Devil in the Middle Ages. Cornell University Press, 1984.

RUSSELL, Jeffrey Burton. Lucifer: The Devil in the Middle Ages. Ithaca: Cornell University Press, 1984.

RUSSELL, Jeffrey. Lucifer: the Devil in the Middle Ages. New York: Cornell University Press,1984.

RYERSON, J. The Gap Theory: An Examination. Grand Rapids: Zondervan, 2010. RYRIE, Charles C. A Bíblia Anotada Ryrie. São Paulo: Mundo Cristão, 2007.

RYRIE, Charles C. Dispensationalism Today. Chicago: Moody Press, 1965.

RYRIE, Charles C. The Basis of the Premillennial Faith. Grand Rapids: Zondervan, 1953.

SAILHAMER, John H.; KAISER JR., Walter, et al. Genesis, Exodus, Leviticus, Numbers. In: The expositor s Bible commentary. Vol. 2. Grand Rapids: Zondervan, 1990.

SARNA, N. M. Genesis: The Traditional Hebrew Text with the New JPS Translation. Philadelphia: Jewish Publication Society, 1989.

SARNA, Nahum M. Genesis: The JPS Torah Commentary. Philadelphia: Jewish Publication Society, 1989.

SCHMITT, Flávio. O novo em Paulo. Estudos Bíblicos, vol. 32, n. 126, p. 135-147, abr/jun 2015.

SCOFIELD, C. I. Bíblia de Estudo Scofield. Barueri: Sociedade Bíblica do Brasil, 2009.

SHOWERS, Renald E. Maranatha: Our Lord, Come! Bellmawr: Friends of Israel Gospel Ministry, 1995.

SHOWERS, Renald E. There Really Is a Difference: A Comparison of Covenant and Dispensational Theology. Bellmawr: Friends of Israel Gospel Ministry, 1990.

SILVA, Esequias Soares da. Dicionário Bíblico Wycliffe. São Paulo: CPAD, 2006.

SILVA, Severino Pedro da. Numerologia Bíblica: A Revelação dos Números nas Escrituras Sagradas. São Paulo: Vida, 2004.

SILVA, Severino Pedro da. Teologia da Libertação e Teologia Pentecostal: Diálogo Possível? São Paulo: Fonte Editorial, 2010.

SOARES, Esequias. Batalha Espiritual: O Povo de Deus e a Guerra contra as Potestades do Mal. Rio de Janeiro: CPAD, 2005.

SOARES, Esequias. Teologia Sistemática: Uma Perspectiva Pentecostal. Rio de Janeiro: CPAD, 2002.

SOLIMEO, G. A.; SOLIMEO, L. S. Anjos e demônios: a luta contra o poder das trevas. 4. ed. São Paulo: Artpress, 2014.

SPROUL, R. C. The Holiness of God. Wheaton: Tyndale House Publishers, 1985. SPROUL, R.C. The Cross of Christ. Wheaton, IL: Crossway, 1997.

SPROUL, R.C. The Last Days According to Jesus: When Did Jesus Say He Would Return? Grand Rapids, MI: Baker Books, 1998.

SPURGEON, Charles H. Sermões sobre a Soberania de Deus. Editora Fiel, 2010.

SPURGEON, Charles H. The Treasury of David: Containing an Original Exposition of the Book of Psalms. Grand Rapids: Zondervan, 1966.

SPURGEON, Charles H. The Treasury of David: Containing an Original Exposition of the Book of Psalms. Grand Rapids: Zondervan, 1966.

STAMPS, Donald C. Bíblia de Estudo Pentecostal. Rio de Janeiro: CPAD, 1995.

STEDMAN, R. (1995). *Spiritual Warfare: Victory over the Powers of this Dark World*. Discovery House Publishers.

STEDMAN, Ray C. Spiritual Warfare: How to Stand Firm in the Faith. Grand Rapids: Discovery House, 1999.

STOKES, Ryan E. The Satan: how God's executioner became the enemy. Grand Rapids: Eerdmans, 2019.

STOTT, John. A Cruz de Cristo. Edições Vida Nova, 1986.

STOTT, John. Between Two Worlds: The Art of Preaching in the Twentieth Century. Grand Rapids: Eerdmans, 1982.

STOTT, John. Cristianismo Básico. Editora Ultimato, 2007.

STOTT, John. The Cross of Christ. Downers Grove, IL: InterVarsity Press, 1986.

SWEET, J. P. M. Revelation: New Testament Commentaries. London: SCM Press, 1990.

THOMPSON, John L. (Org.). Comentário bíblico da Reforma: Gênesis 1—11. São Paulo: Cultura Cristã, 2015.

TOMÁS DE AQUINO. Suma Teológica. Edições Loyola, 2001. TOZER, A. W. (1992). *I Talk Back to the Devil.* Christian Publications.

TOZER, A. W. The Pursuit of God. Harrisburg: Christian Publications, 1948.

TRELSTAD, Marit. "The Cross in Context," in Cross Examinations: Readings on the Meaning of the Cross Today. Minneapolis: Augsburg Fortress Press, 2006.

UNGER, Merrill F. Biblical Demonology. Grand Rapids, MI: KregelPublications,1994.

UNGER, Merrill F. Demons in the World Today: A Study of Occultism in the Light of God's Word. Tyndale House Publishers, 1971.

UNGER, Merrill F. Demons in the World Today. Wheaton: Tyndale House Publishers, 1971.

UNGER, Merrill F. Dicionário Bíblico Unger. São Paulo: Editora Vida, 2011.

UNGER, Merrill F. Dicionário de Demonologia Bíblica. São Paulo: Editora Vida, 2010. UNGER, Merrill F. Manual Bíblico Unger. São Paulo: Editora Vida, 2006.

UNGER, Merrill F. Unger's Bible Dictionary. Chicago: Moody Press, 1957.

UNGER, Merril F. Commentary on the Old Testament. Chattanooga: AMG Publishers, 2002.

UNGER, Merrill Frederick. Dicionário bíblico Unger. São Paulo: Sociedade Bíblica do Brasil, 2017. von Rad, Gerhard. Genesis: A Commentary. Philadelphia: Westminster Press, 1972.

WAGNER, C. Peter. Territorial Spirits: Practical Strategies for How to Crush the Enemy Through Spiritual Warfare. Chichester: Regal Books, 1991.

WALTKE, B. K. Genesis: A Commentary. Zondervan, 2001.

WALTKE, Bruce K. Genesis: A Commentary. Grand Rapids: Zondervan, 2001.

WALTON, J. H. Genesis: The NIV Application Commentary. Grand Rapids: Zondervan, 2001.

WALTON, J. H.; MATTHEWS, V. H.; CHAVALAS, M. W. Comentario del contexto cultural de la Biblia: Antiguo Testamento. Tradução Nelda Bedford de Gaydou et al. El Paso: Editorial Mundo Hispano, 2004.

WALTON, John H. Ancient Near Eastern Thought and the Old Testament: Introducing the Conceptual World of the Hebrew Bible. Grand Rapids: Baker Academic, 2006.

WALTON, John H. Genesis: The NIV Application Commentary. Grand Rapids: Zondervan, 2001.

WALTON John. Genesis (Zondervan Illustrated Bible Backgrounds Commentary). Grand Rapids: Zondervan, 2001.

WALVOORD, John F. Satan's Ten Most Believable Lies. Nashville: Thomas Nelson, 1999.

WALVOORD, John F. The Millennial Kingdom. Grand Rapids: Zondervan, 1983.

WALVOORD, John F. The Prophecy Knowledge Handbook: All the Prophecies of Scripture Explained in One Volume. Wheaton: Victor Books, 1990.

WALVOORD, John F. The Revelation of Jesus Christ: A Commentary. Chicago: Moody Press, 1966.

WATTS, John D.W. Word Biblical Commentary, Volume 28: Ezekiel 1-27. Waco: Word Books, 1986.

WENHAM, G. J. Genesis 1-15. Word Biblical Commentary, Vol. 1. Waco: Word Books, 1987.

WENHAM, Gordon J. Word Biblical Commentary, Volume 1: Genesis 1-15. Dallas: Word Books, 1987.

WESLEY, John. As Obras de John Wesley. Editora Arte Editorial, 2010.

WESTERMANN, Claus. Genesis 1-11: A Continental Commentary. Minneapolis: Fortress Press, 1994.

WHITE, Tom. The Believer's Guide to Spiritual Warfare. Ventura: Regal, 1990. WIERSBE, Warren. Be Victorious. David C. Cook, 1984.

WIGRAM, The Englishman's Greek Concordance of the New Testament, 1839.

WIGRAM, The Englishman's Hebrew and Chaldee Concordance of the Old Testament, 1843.

WILLIAMSON, Paul R. Sealed with an Oath: Covenant in God's Unfolding Purpose. Grand Rapids: InterVarsity Press, 2007.

WRIGHT, N. T. O Mal e a justiça de Deus. Viçosa: Ultimato, 2009.

WRIGHT, Christopher. The Message of Ezekiel: A New Heart and a New Spirit. Downers Grove: InterVarsity Press, 2001.

WRIGHT, N. T. Surprised by Hope: Rethinking Heaven, the Resurrection, and the Mission of the Church. HarperOne, 2008.

WRIGHT, N. T. The New Testament and the People of God. Fortress Press, 1992.

WRIGHT, N.T. How God Became King: The Forgotten Story of the Gospels. New York: HarperOne, 2012.

WRIGHT, N.T. Surpreendido pela esperança. Trad. Jorge Camargo. Viçosa: Ultimato, 2009.

WRIGHT, N.T. The Day the Revolution Began: Reconsidering the Meaning of Jesus's Crucifixion. New York: HarperOne, 2000.

WRIGHT, N.T. The Resurrection of the Son of God. Minneapolis: Fortress Press, 2003. YANCEY, Philip. Decepcionado com Deus. Editora Vida, 2001.

YOUNG, Edward J. The Book of Isaiah: Volume 1, Chapters 1-18. Grand Rapids: Eerdmans, 1965.

Esta obra foi composta em *Crimson Text*
e impressa por Gráfica Promove sobre papel
Polen Bold 70 g/m² para Editora Vida.